巻頭グラビア

統一王権誕生の時代

1世紀から2世紀にかけて
倭《わ》国と呼ばれた日本には多くのクニグニが存在し、
独自の文化を醸成していった。
そして2世紀後半にあった「倭国乱」を契機に
「邪馬台国」の女王・卑弥呼が諸国の王として立てられた。
一方で、ヤマト王権のはじまりは3世紀後半とされる。
果たして卑弥呼政権とヤマト王権に連続性はあったのか。
最新研究から3世紀の「日本誕生」の実像に迫る。

金製指輪
共同通信社 提供
沖ノ島（福岡県宗像市）から出土した純金製の指輪で、朝鮮半島の新羅時代の古墳から類似する出土品がある。沖ノ島は『日本書紀』に登場し、ヤマト王権を守護する島とされる。

卑弥呼が統治に用いた 2つの鏡

画《が》文《もん》帯《たい》神《しん》獣《じゅう》鏡《きょう》

奈良国立博物館 所蔵

奈良県天理市の天神山古墳から出土した画文帯神獣鏡で、中国・後漢時代に製作されたもの。卑弥呼は当初、画文帯神獣鏡を威信財として用いたと考えられる。

諸国の王たちによって共立された卑弥呼は「鬼道」を用いたと『魏志』倭人伝に記されている。この「鬼道」がどのようなものかはわかっていないが、卑弥呼政権が自らの正統性を示し、参加のクニグニに配布した威信財としたのが2種類の鏡だったとされる。

景初三年銘三角縁神獣鏡《さんかくぶちしんじゅうきょう》

国（文化庁）所蔵　島根県立古代出雲歴史博物館 提供
島根県雲南市の神原神社古墳から出土した三角縁神獣鏡で、卑弥呼が「親魏倭王」を授爵し、銅鏡百枚が下賜された景初3年（239）が刻まれている。三角縁神獣鏡は、3世紀中頃以降に威信財となった。

対馬国《つしま》

銅鍑《どうふく》
東京国立博物館 所蔵
長崎県対馬市のクビル遺跡から出土した青銅器製の容器で、中国でつくられたもの。対馬は大陸と日本本土を結ぶ中継地として栄えた。

巴形銅器《ともえがた》
東京国立博物館 所蔵
長崎県対馬市で出土した青銅器で、巴形銅器は日本独自の祭具。弥生時代後期の1〜3世紀につくられたものと考えられている。

『魏志』倭人伝に記された

北部九州のクニグニ

大陸との交易の玄関口である北部九州は、さまざまなヒトやモノが行き来する先進地域として発展した。1世紀には、中国皇帝へ朝貢するクニも現れ、『魏志』倭人伝には、卑弥呼を共立した多くの北部九州のクニグニが紹介されている。

一《い》支《き》国

捕鯨線刻土器
壱岐市教育委員会
提供
原の辻遺跡から出土した土器で、捕鯨の様子が刻まれている。日本では縄文時代から捕鯨が活発に行われていた。

朱をすり潰した石
壱岐市教育委員会
提供
原の辻遺跡から出土した朱の製造に用いられた石器。朱とは辰砂（丹）から生成される水銀朱のことで、『魏志』倭人伝では倭国で丹が産出されることが記されている。

人面石
壱岐市教育委員会
提供
一支国の王都だった原の辻遺跡から出土したもの。弥生時代後期の作で、国内で唯一の人面をかたどった石製品である。

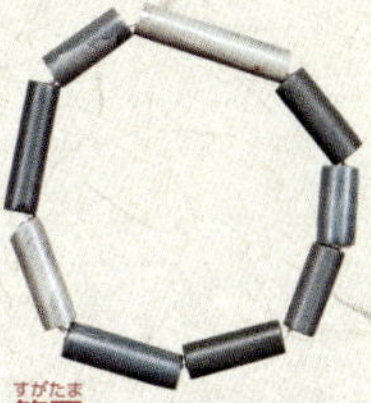

管玉《すがたま》
東京国立博物館 所蔵
管玉は弥生時代から古墳時代にかけてつくられた円筒形の装身具で、糸を通してネックレスやブレスレットにした。

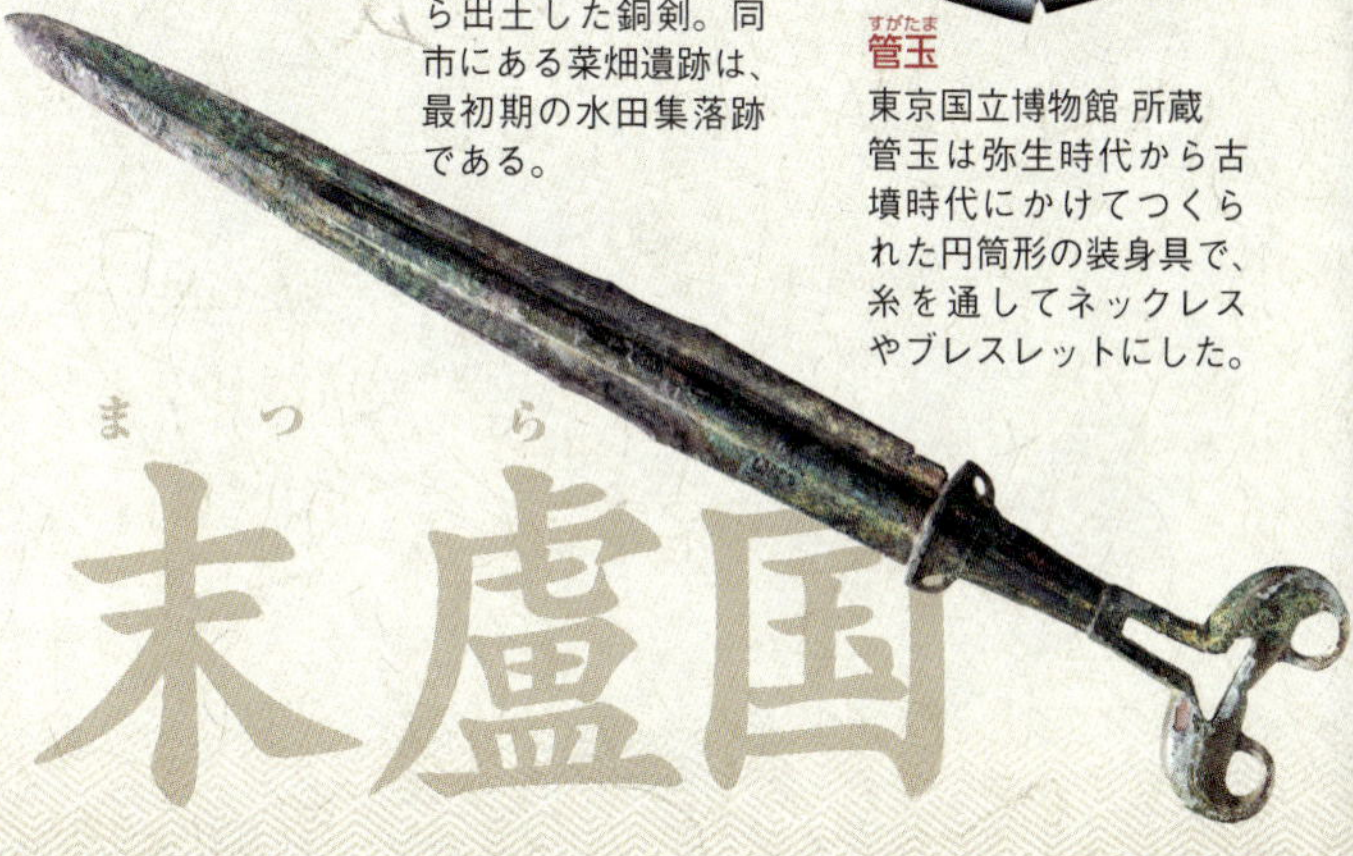

触角式柄頭銅剣
東京国立博物館 所蔵
末盧国があったとされる佐賀県唐津市から出土した銅剣。同市にある菜畑遺跡は、最初期の水田集落跡である。

末盧《まつら》国

柳葉磨製石鏃《せきぞく》

九州歴史資料館 所蔵
伊都国歴史博物館 提供
伊都国の王都があったされる三雲・井原遺跡から出土した石製の鏃。北部九州では稲作の伝来とともにクニ同士の争乱が発生した。

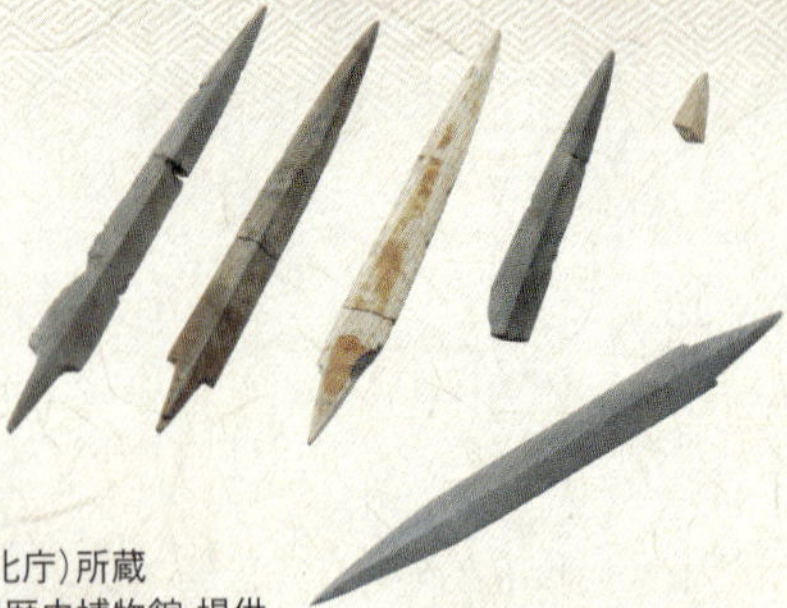

管玉

国(文化庁)所蔵
伊都国歴史博物館 提供
伊都国の女王が埋葬された平原遺跡から出土したメノウ製の管玉。伊都国には卑弥呼政権の交易を管理する一大率が置かれた。

内行花文鏡

国(文化庁)所蔵
伊都国歴史博物館 提供
平原遺跡から出土した直径約46.5センチの内行花文鏡。三種の神器の1つである八咫鏡は内行花文鏡ともいわれる。

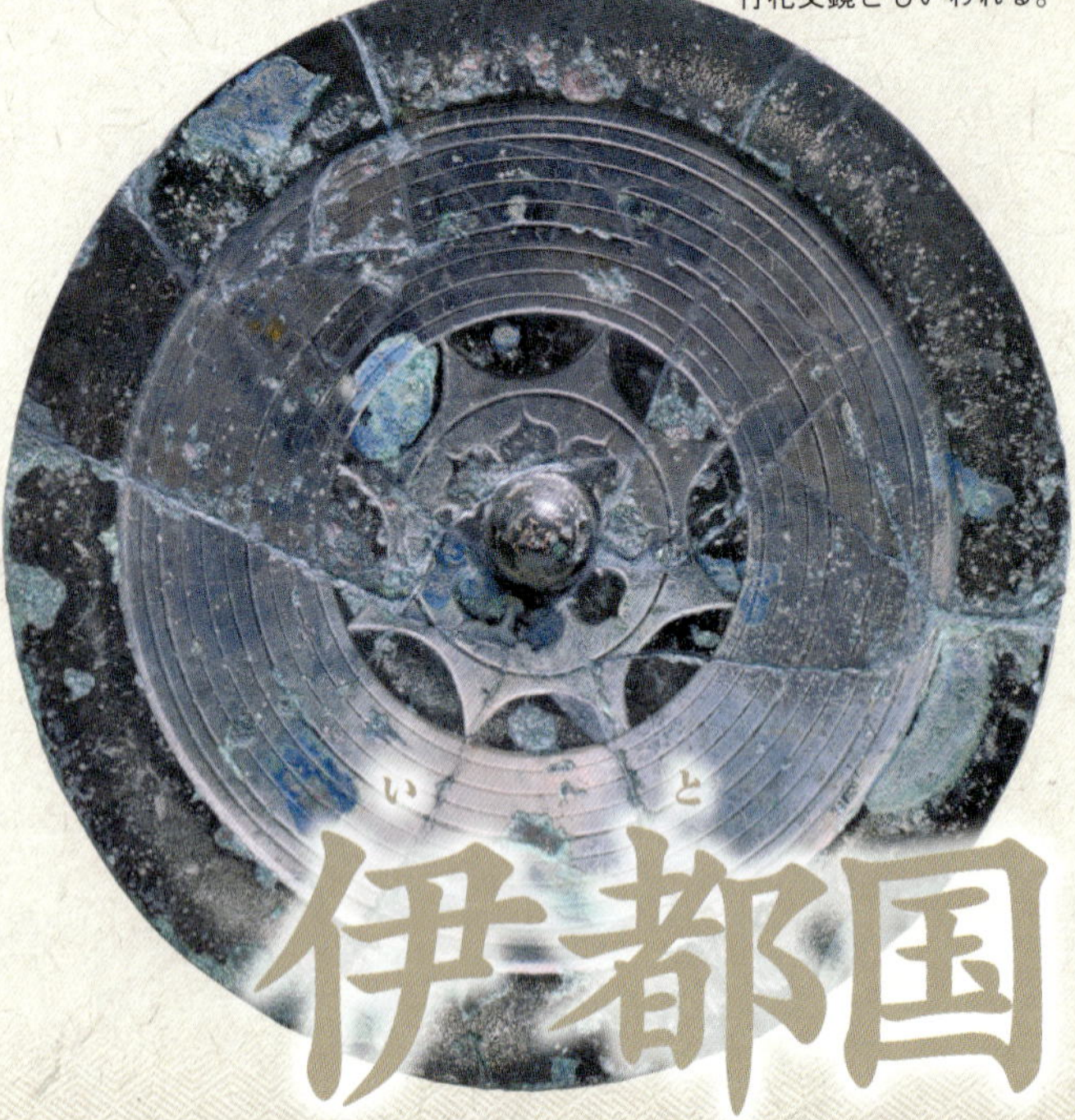

伊《い》都《と》国

奴《な》国

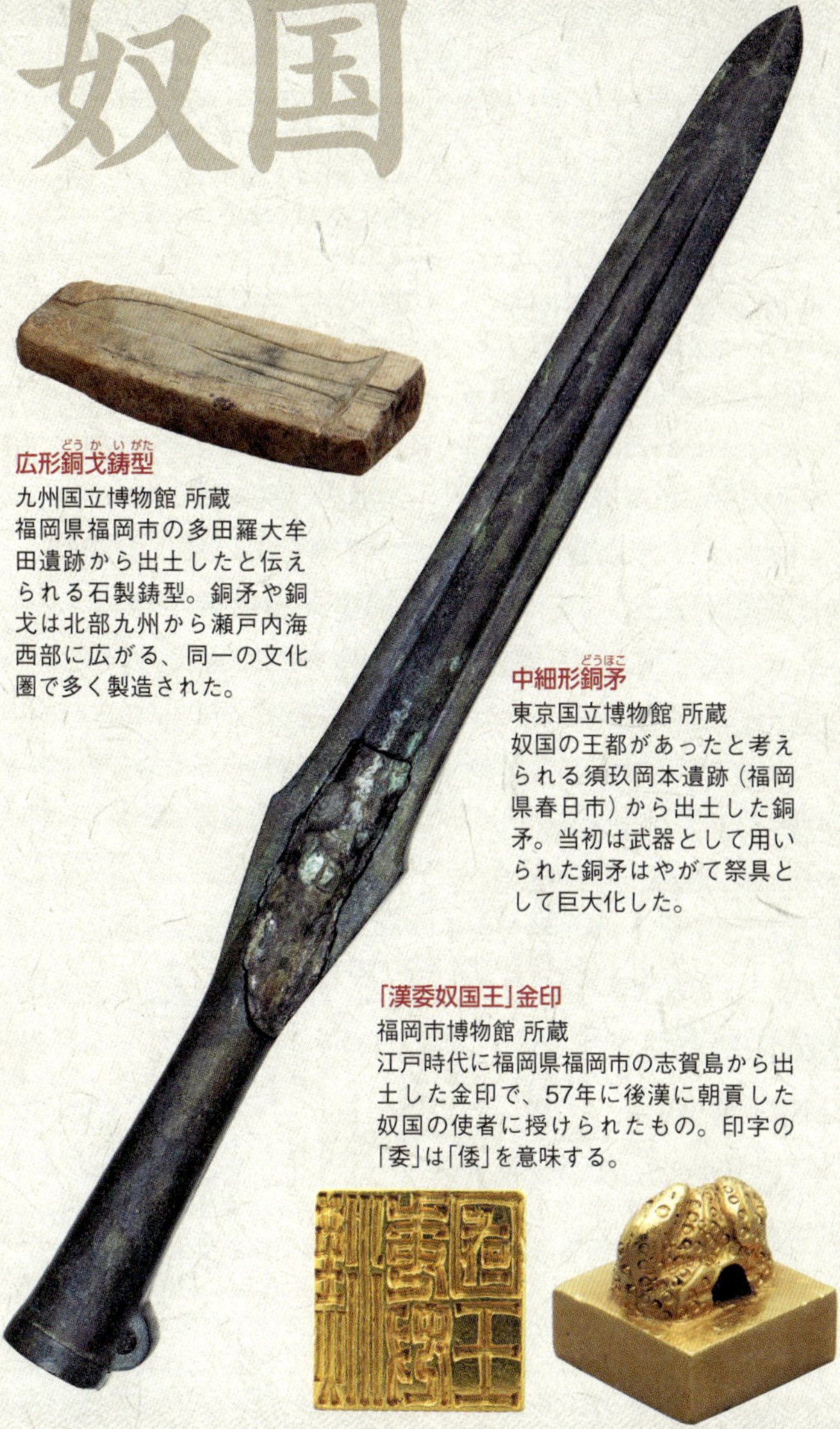

広形銅戈《どうか》鋳型《いがた》
九州国立博物館 所蔵
福岡県福岡市の多田羅大牟田遺跡から出土したと伝えられる石製鋳型。銅矛や銅戈は北部九州から瀬戸内海西部に広がる、同一の文化圏で多く製造された。

中細形銅矛《どうほこ》
東京国立博物館 所蔵
奴国の王都があったと考えられる須玖岡本遺跡（福岡県春日市）から出土した銅矛。当初は武器として用いられた銅矛はやがて祭具として巨大化した。

「漢委奴国王」金印
福岡市博物館 所蔵
江戸時代に福岡県福岡市の志賀島から出土した金印で、57年に後漢に朝貢した奴国の使者に授けられたもの。印字の「委」は「倭」を意味する。

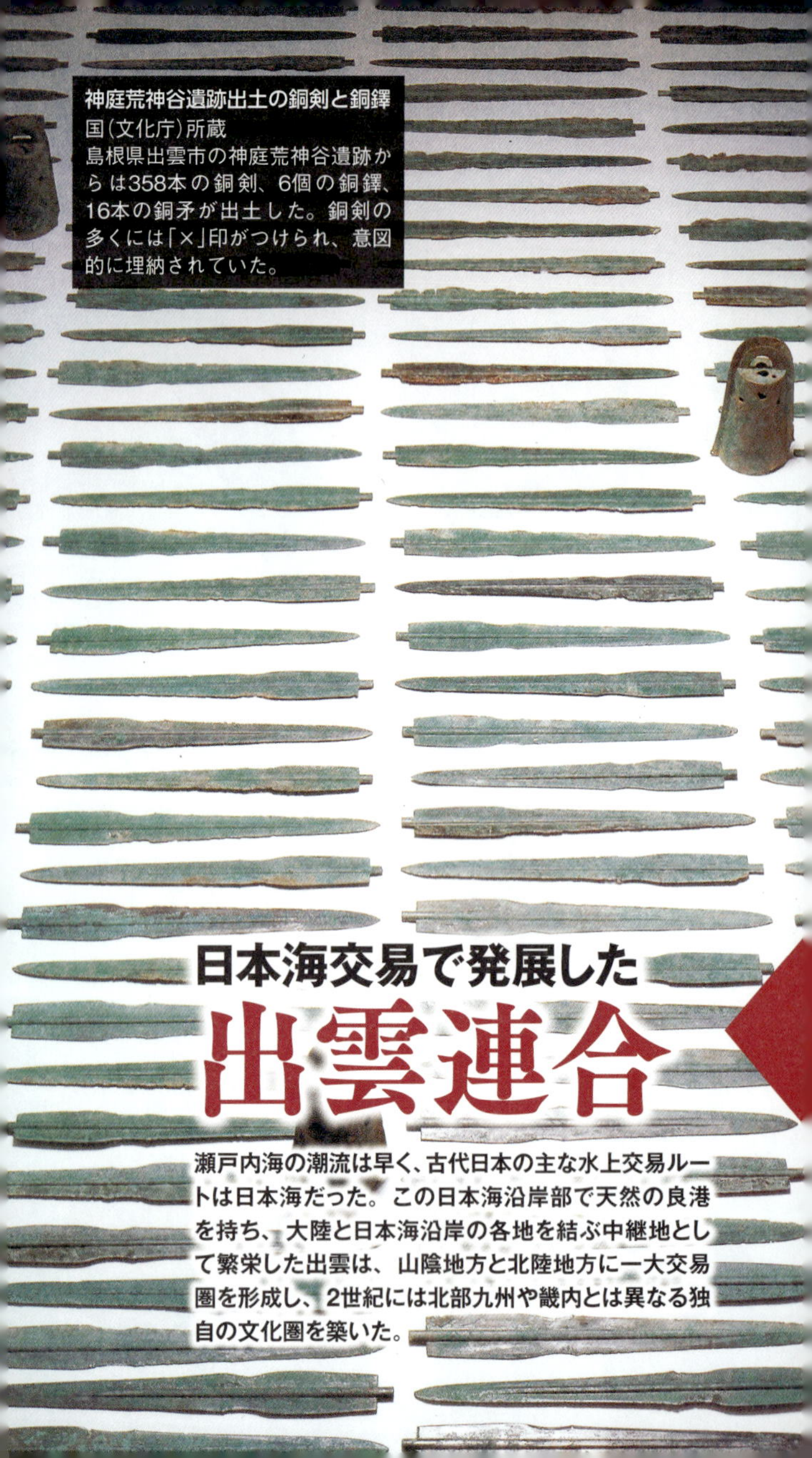

神庭荒神谷遺跡出土の銅剣と銅鐸
国(文化庁)所蔵
島根県出雲市の神庭荒神谷遺跡からは358本の銅剣、6個の銅鐸、16本の銅矛が出土した。銅剣の多くには「×」印がつけられ、意図的に埋納されていた。

日本海交易で発展した

出雲連合

瀬戸内海の潮流は早く、古代日本の主な水上交易ルートは日本海だった。この日本海沿岸部で天然の良港を持ち、大陸と日本海沿岸の各地を結ぶ中継地として繁栄した出雲は、山陰地方と北陸地方に一大交易圏を形成し、2世紀には北部九州や畿内とは異なる独自の文化圏を築いた。

管玉の未成品

島根県教育庁埋蔵文化財調査センター 所蔵
島根県立古代出雲歴史博物館 提供
島根県松江市の西川津遺跡から出土したもの。同市にある花仙山で産出されるメノウや碧玉などを用いて玉類が製作され、全国に流通した。

人面付土器

島根県教育庁埋蔵文化財調査センター 所蔵
島根県立古代出雲歴史博物館 提供
西川津遺跡から出土した土器で、本体は失われている。縄文時代の土偶と異なり、顔は面長で頭頂部は鶏冠状になっており、シャーマンを模したものとも考えられている。

大陸製の鉄製品

鳥取県埋蔵文化財センター 所蔵
鳥取市青谷町にある弥生時代の青谷上寺地遺跡から出土した鉄製品。出雲を中心とした日本海交易圏には、大陸から多くのモノがもたらされた。

出雲《いづも》

王権誕生に貢献した
吉備とタニハ

「倭国乱」があった2世紀後半、実際に吉備・瀬戸内海・畿内で軍事的緊張が高まった痕跡がある。その後、強大な王権を形成した畿内勢力を後押ししたのが、岡山県の吉備と丹後半島のタニハという2つの勢力だった。日本海と瀬戸内海は氷上《ひかみ》回廊と呼ばれる陸路で結ばれ、畿内勢力の対外貿易を支えた。

弧帯文石《こたいもんせき》（復元模造品）
東京国立博物館 所蔵
2世紀最大級の墳丘墓・楯築墳丘墓に創建された楯築神社の御神体で、酷似する石が楯築墳丘墓から出土している。

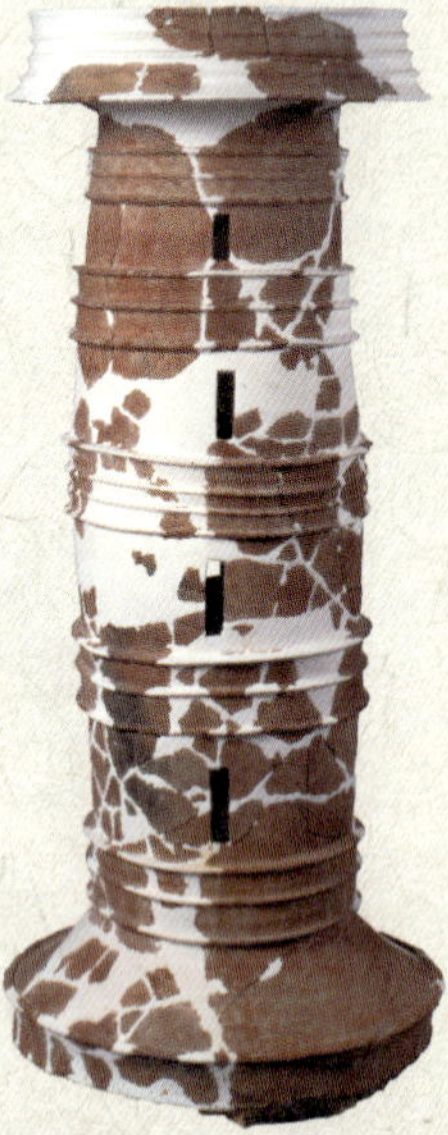

吉《き》備《び》

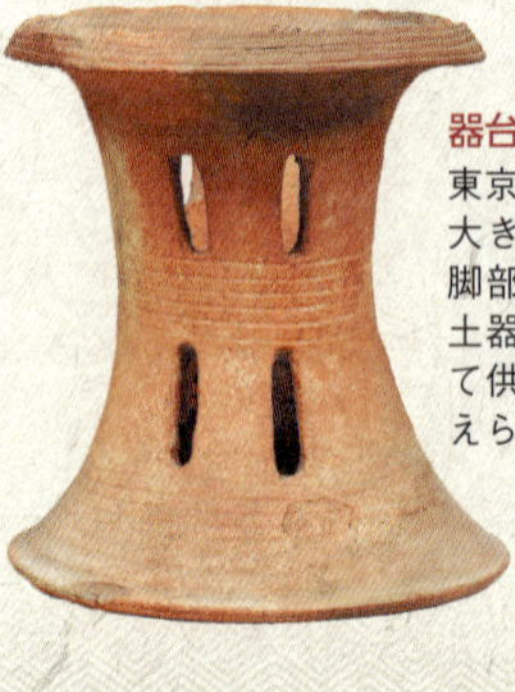

器台形土器
東京国立博物館 所蔵
大きく開いた口部と脚部をもつ円筒形の土器で、祭祀において供物をのせたと考えられる。

特殊器台
岡山大学考古学研究室 提供
2世紀に吉備で誕生した円筒形の土器で、葬送儀式に用いられた。その後の古墳で用いられた円筒埴輪の祖型とも考えられている。

タニハ

碧玉勾玉

東京国立博物館 所蔵
作山古墳から出土した勾玉。タニハは出雲や越などの日本海沿岸部の主要勢力とも交易を行っていた。

ガラス小玉

東京国立博物館 所蔵
京都府与謝野町の作山古墳から出土したガラス製品。タニハでは輸入したガラス素材を加工し、ガラス製品を製造した。

朱

東京国立博物館 所蔵
京都府京丹後市の比丘尼屋敷墳墓から出土した弥生時代のもので、タニハでは水銀朱の精製も行われた。水銀朱は墳墓の石室の装飾など、神聖な色として用いられた。

ガラス釧《くしろ》

京都府与謝野町教育委員会 提供
大風呂南1号墓から出土したガラス製品。出雲と並び日本海交易で繁栄したタニハでは大陸からもたらされたガラス製品が多く出土している。

三遠式銅鐸《さんえん》

奈良国立博物館 所蔵

静岡県三ヶ日町から出土した銅鐸。愛知県三河地方や静岡県遠江地方で出土例が多いことから三遠式と呼ばれる。近畿式とは異なり、飾り耳がなく綾杉文が刻まれるなどの特徴がある。

高杯《たかつき》

東京国立博物館 所蔵

弥生時代後期の伊勢湾沿岸部では、白味を帯びた地色に赤く彩色した独特の形式を持った土器がつくられ、ギリシア陶器に比され、パレス・スタイル土器と呼ばれる。

邪馬台国に対抗した巨大勢力

尾張

尾張《おわり》

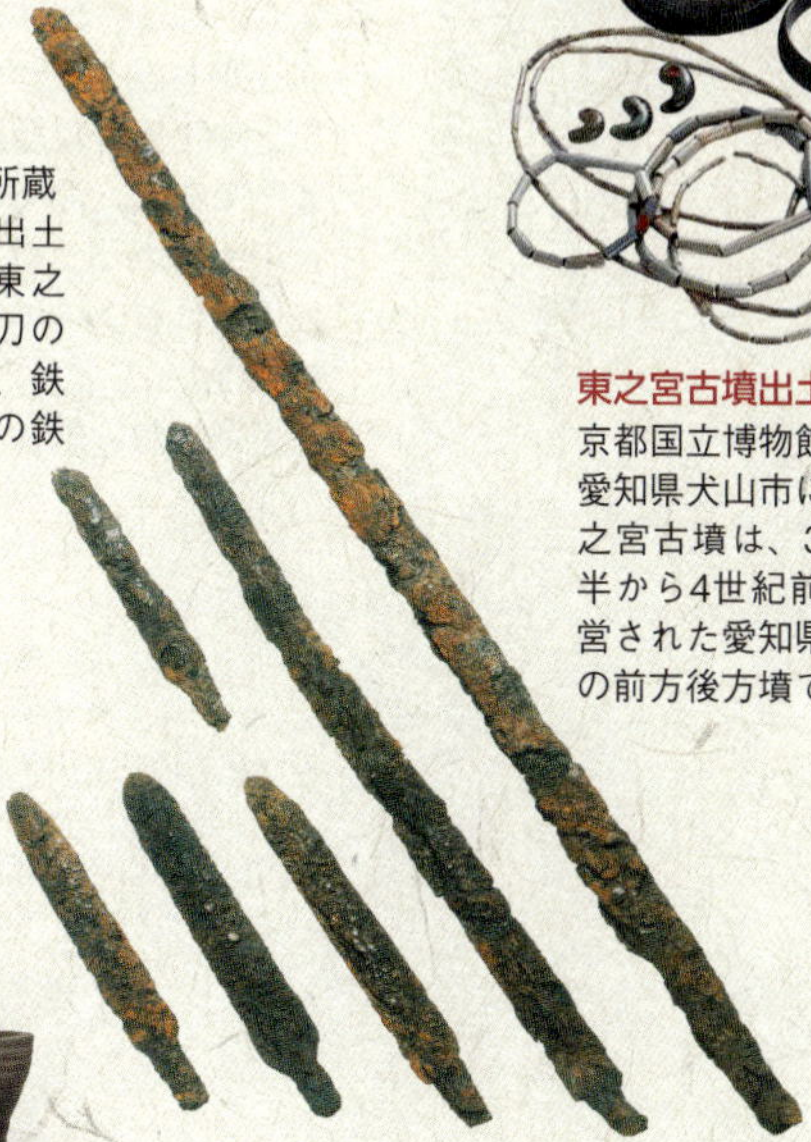

鉄刀

京都国立博物館 所蔵
東之宮古墳から出土した鉄製の刀。東之宮古墳からは鉄刀のほか鉄斧、針筒、鉄鏃など、58点もの鉄製品が出土した。

東之宮古墳出土品

京都国立博物館 所蔵
愛知県犬山市にある東之宮古墳は、3世紀後半から4世紀前半に造営された愛知県最古級の前方後方墳である。

円窓付壺《まるまどつきつぼ》

東京国立博物館 所蔵
パレス・スタイル土器と同じく東海地方独特の形式の土器。胴部に円い孔を持つ理由はわかっておらず、何らかの祭祀に用いられたと考えられる。

伊勢湾沿岸部の濃尾《のうび》平野には、赤色顔料で彩色されて均整のとれた土器が製造されるなど、独自の文化を醸成した。東国への開発が進める中で鉄の需要が高まると、3世紀の卑弥呼政権と東海地方の勢力は対立を深めることになった。

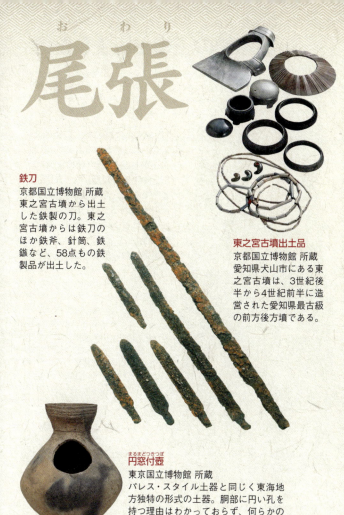

日本初の王権が誕生した地

大和

2世紀末に大和の纒向に突如として巨大な都が造営された。纒向遺跡は当時最大級の王宮跡で、中心軸が東西に揃った計画都市である。纒向遺跡からは各地の土器が出土し、3世紀初頭には古代日本の中心地だったことがわかっており、この時期は、卑弥呼政権の時代と重なる。

突線鈕3式銅鐸

東京国立博物館 所蔵

弥生時代中期には、瀬戸内海東部、山陰、甲信越にまでに広がった銅鐸文化だが、2世紀になると、畿内を中心とする近畿式と東海を中心とする三遠式に文化圏が分かれた。

家形飾環頭大刀

東京国立博物館 所蔵

奈良県天理市の東大寺山古墳から出土した刀の柄頭部分で、竪穴式住居を模した銅鋳製の飾りが付けられている。高貴な人の住居であった可能性が指摘されている。

円筒埴輪

奈良県天理市の東大寺山古墳から出土した円筒埴輪。吉備の特殊器台から発展したものと考えられ、古墳の墳丘上に置かれた。

絵画土器

田原本町教育委員会 提供

奈良県田原本町の唐古・鍵遺跡から出土したもので、楼閣が刻まれている。唐古・鍵遺跡は、約42万平方メートルの面積を誇る大規模な環濠集落で、纒向遺跡以前にヤマトの中心地だった。

大和《やまと》

北和城南古墳出土品

奈良国立博物館 所蔵

奈良県北部から京都府南部にかけてのエリアの複数の古墳からの出土品で、銅鏡、腕輪形石製品、玉類、鉄刀など73点がある。

金銅製冠帽（復元模造品）
東京国立博物館 所蔵
「ワカタケル大王」の名が刻まれた鉄刀が出土した江田船山古墳（熊本県和水町）で発見された金銅製冠帽を復元したもの。

王の中の王
「大王」の誕生

3世紀に誕生したヤマト王権は、当初は地方勢力が集合した連合政権だったが、やがて中央集権化が進められた。5世紀になると21代雄略天皇を意味する「ワカタケル大王」の名が刻まれた鉄製の刀剣が熊本県と埼玉県で発見され、盟主的存在だったヤマト王権の首長は、名実ともに「大王」として君臨するようになった。

最新考古学が解き明かす

ヤマト建国の真相

瀧音能之 監修

宝島社新書

巻頭グラビア
統一王権誕生の時代

第1章
邪馬台国は滅びたのか

第2章
プレ邪馬台国時代と倭国王

第4章 卑弥呼・台与政権による日本統一

第1章

邪馬台国は滅びたのか

邪馬台国九州説を再検証する

3世紀に存在した2つの政権

現在の皇室につながるヤマト王権が誕生したのは、3世紀後半以降の奈良盆地というのが定説となっている。ところが、このヤマト王権が誕生した期間には文字史料が残っていない。『晋書』武帝紀にある「倭人」が266年に朝貢をした記録を最後に中国の歴史書から倭国の記述は途絶える。石上神宮《いそのかみ》（奈良県天理市）所蔵の七支刀《しちしとう》には、369年にこの鉄剣がつくられ、百済王から倭王に贈られたことが刻まれている。また中国吉林省の好太王碑《こうたいおう》（広開土王碑《こうかいどおう》）には、391年に倭国が海を渡って百済と新羅を攻め破ったことなどが刻まれている。つまり、4世紀後半には、ヤマト王権が外交を展開していたことがわかる。

3世紀後半から5世紀初頭は文字史料がないため「空白の4世紀」と呼ばれる。これまでヤマト王権誕生の謎については、この「空白の4世紀」を中心に論じられてきた。

その一方で、3世紀に西日本の大部分を統治下に置いた卑弥呼政権とヤマト王権は別の政権として、個別に研究が行われてきた。ところが近年、奈良県桜井市の纒向《まきむく》遺跡の発掘調査と研究が進み、両政権の結びつきについての新説も論じられるようになってきた。

卑弥呼政権とヤマト王権の結びつきについてこれまで積極的に論じられてこなかった最大の理由は、邪馬台国がどこにあったのか決定的な証拠がなく、主に九州説と畿内説がある邪馬台国所在地論争が続いているためだ。ヤマト王権誕生の実態を探るために、まず邪馬台国の所在地について検証してみよう。

『女王卑弥呼』
大阪府立弥生文化博物館 提供
2世紀後半に共立された卑弥呼は約60年にわたって君臨したが、在位中に狗奴国との戦いが起きている。

纒向遺跡は2世紀末に突如として出現した大規模な計画都市であり、3世紀後半にヤマト王権の王都だったことはほぼ確定している。卑弥呼が共立されたのは、190年頃とされるので、纒向遺跡は卑弥呼政権の王都であり、その後のヤマト王権へと何らかの形で政権が直接継承（あるいは簒奪）された可能性が高い。

卑弥呼政権に対抗した狗奴《くな》国

一方で、邪馬台国が九州にあったとすれば、卑弥呼・台与政権はヤマト王権とは全く別の政権であり、その後、諸国の盟主としての地位を失ったことになる。では、卑弥呼・台与政権が崩壊した理由は何だったのか。『魏志』倭人伝には、卑弥呼政権に帰順しない狗奴国の存在が記されている。狗奴国は奴《な》国（福岡県福岡市）の南にあり、男を王とするとある。

正始8年（247）に卑弥呼は、倭の載斯《さいし》と烏越《うえつ》たちを魏に派遣して、卑弥呼政権と狗奴国が交戦状態にあることを伝え援助を求めた。これに対して魏は、官軍を意味する黄幢《こうどう》と檄文を倭の使者の1人である難升米《なしめ》に与えて、さらに軍事指揮官である張政を派遣した。

ところが、この直後（248年前後）に卑弥呼が亡くなると、男王が立てられたが国中が服従せずに乱れ、1000人以上が殺された。そこで13歳の台与《とよ》（壱与《いよ》）が立てられるとようやく国中が治った。張政は檄文をもって台与を教え諭し、その後、倭の使者とともに帰国したとある。

『晋書』武帝紀には、魏が後継国家の晋に変わった直後の泰始《たいし》2年（266）に「倭人」が朝貢したとある。すでに畿内には纒向遺跡を中心とする強大な王権が誕生しており、この「倭人」とは畿内の王権の使者である可能性が高い。

ただし、この「倭人」＝「台与の使者」とする記述は一切なく、この時の倭王の性別も記されていない。九州説の1つの考え方として、3世紀後半には、北部九州連合（卑弥呼・台与政権）と畿内を中心とした王権が併存していたというものがある。のちに北部九州連合が畿内のヤマト王権に参画し、より広大な勢力圏を持ったヤマト王権となったとする。つまり、畿内説では、ヤマト王権は卑弥呼・台与政権の後継政権であり「垂直的」なつながりを持つのに対して、九州説では卑弥呼・台与政権とヤマト王権を2つの地域に併存する2つの政権として「水平的」に捉えているのである。

張政を帰国させたことから、台与政権は国内基盤を安定化させたとも考えられるが、狗奴国との戦いの決着については、『魏志』倭人伝をはじめとする中国の歴史書には記されていない。邪馬台国が九州にあったのだとすれば、狗奴国との長期にわたる戦いと60年近く統治した卑弥呼というカリスマの死によって求心力が失われ、やがて衰退あるいは消滅したとも考えられる。

邪馬台国の王都の規模は300万平方メートルだった

吉野ヶ里遺跡は邪馬台国ではない

『魏志』倭人伝の記述通りだと邪馬台国の位置は九州南方の海上にあることになる。そのため、九州説では距離に、畿内説では方位に誤りがあるとする。実際に、『魏志』をはじめとする中国の歴史書における周辺国の位置についての記述は距離や方位の誤りが多い。九州説では文献史学から、古代の地名と『魏志』倭人伝に登場する地名との比較考証が行われてきた。しかし、こうした地名をめぐる推測は言葉遊び的なものも多い。

『魏志』倭人伝には卑弥呼の居所については「居所は宮室《きゅうしつ》・楼観《ろうかん》・城柵《じょうさく》を厳《おごそ》かに設け、常に人ありて兵でもって守衛する」とある。この記述と一致する遺跡として注目されたのが、吉野ヶ里遺跡（佐賀県吉野ヶ里町・神埼市）だ。1980年代の発掘調査によって物見櫓《ものみやぐら》や大規模建物群、城柵が備えられた二重の環濠《かんごう》などが発見され、『魏志』倭人伝に登場する記述と重なる。さらに環濠に重なる遺跡内には祭祀場と考えられる大規模施設がある北内郭《ないかく》と、支配層の居住エリアと考えられる南内郭が見つかった。これは女王・卑弥呼と行政を担ったとも考えられる男弟の記述とも一致する。ところが、吉野ヶ里遺跡の最盛期は2世紀までで3世紀に入ると縮小をはじめる。そのため吉野ヶ里遺跡＝邪馬台国論は現在では下火になっている。

戸数あたりの面積からクニの規模を割り出す

では卑弥呼の王都はどのような姿だったのだろうか。『魏志』倭人伝の記述のすべてがいい加減な情報だったとは考えにくい。同盟国になりうる周辺国の規模や習俗についてはある程度の正確性が求められるからだ。卑弥呼の王都についての記述が詳細なのもそのためである。

考古学者の片岡宏二氏は『魏志』倭人伝に記された各国の戸数から邪馬台国の規模を割り出した。『魏志』倭人伝には、邪馬台国ならば7万余戸、投馬《とうま》国ならば5万余戸といった各クニの人口が記されている。この戸数は当時の人口から考えると現実的な数字ではない。また中国の歴史書は人口については誇張することが多い。ただし、戸数自体には意味がないが、A国とB国のどちらの方が大きいかといった、規模の差はある程度正確だった可能性はある。

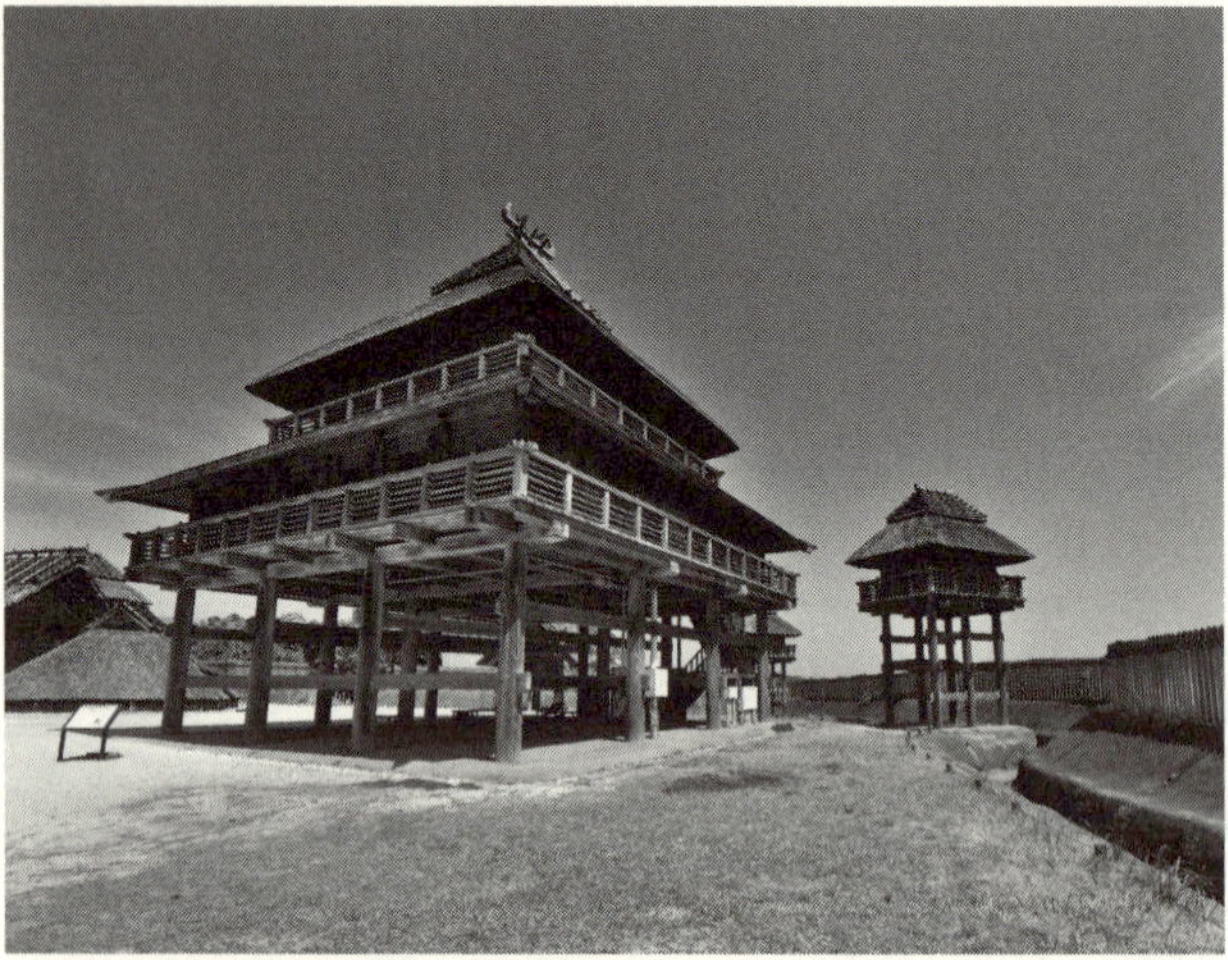

吉野ヶ里遺跡（佐賀県吉野ヶ里町・神埼市）
『魏志』倭人伝の記述を彷彿とさせる「宮室・楼観・城柵」が復元されている。吉野ヶ里遺跡は邪馬台国ブームの火付け役になった。

そこで片岡氏は、確実視されているクニの中心集落の面積と『魏志』倭人伝の戸数とを比較してみたところ、1戸あたりの面積は38〜50平方メートルの範囲に収まった。実際に『魏志』倭人伝の戸数はそのクニの規模を比較できるようにある程度正確に記していたのだ。ここから1戸あたりの平均面積（47平方メートル）を投馬国と邪馬台国に当てはめると、投馬国は235万平方メートル、邪馬台国は329万平方メートルになる。

纏向遺跡の面積は南北約1・5キロ、東西約2キロあり、総面積は約300万平方メートルとほぼ一致す

『魏志』倭人伝に記された各国の推定面積

国	王都（推定）	戸数	㎡／戸
一支国	原の辻遺跡	3000余戸	53.3
末盧国	千々賀遺跡	4000余戸	50
伊都国	三雲遺跡群	1万余戸	37.5
奴国	須玖遺跡群	2万戸	47

平均47㎡／戸

↓

国	戸数	平均㎡／戸	予想面積
対馬国	千余戸	×47㎡	4万7000㎡
不弥国	千余戸		4万7000㎡
投馬国	5万余戸		235万㎡
邪馬台国	7万余戸		329万㎡

るが、3世紀前半の纒向の規模はこれよりも小規模だったとも考えられる。また『魏志』倭人伝には、邪馬台国には、楼観や城柵があったことが記されており、大規模な環濠集落だったことがうかがわれる。しかし、纒向遺跡からは環濠は見つかっていない。

一方、九州においても大規模な環濠集落として知られる吉野ヶ里遺跡の面積でさえ40万平方メートルである。ただし、吉野ヶ里遺跡がある筑《ちく》紫《し》平野からは多くの環濠集落遺跡が発見されている。畿内と九州、両者において今後の発見によっては大きな進展があるかもしれない。

『魏志』倭人伝の遺物は九州に集中している

『魏志』倭人伝に登場する北部九州のクニグニ

纒向遺跡の発掘・研究が進むにつれて、現在では邪馬台国の所在地は畿内説が有力となっており、「所在地論争はすでに決着がついた」とする研究者もいる。一方で、卑弥呼政権が存在した3世紀前半における北部九州の重要性は無視できるものではない。というのも、『魏志』倭人伝に登場するさまざまなモノの出土例は畿内よりも圧倒的に北部九州の方が多く、また邪馬台国への道程に登場するクニグニの多くは北部九州にあるからだ。

朝鮮半島南東部の狗邪《くや》韓国から邪馬台国へは、対馬《つしま》国（長崎県対馬市）と一支《いき》国（長崎県壱岐市）を経て本土に上陸すると、末盧《まつら》国（佐賀県唐津市）→伊都《いと》国（福岡県糸島市）→奴国（福岡県福岡市）→不弥《ふみ》国（九州北東部）の北部九州の４つのクニグニを通って、投馬国を経由して邪馬台国に至ることが記されている。

このうち、対馬国・一支国・奴国・不弥国には卑奴母離《ひなもり》と呼ばれる共通の役職が置かれている。卑奴母離は国境警備を担ったと考えられることから、これらは同一地域、つまり玄界灘の沿岸部と考えられる。伊都国に卑奴母離が置かれていないのは、これらの国々を監督する一大率《いちだいそつ》が置かれたためだ。また末盧国は戸数が4千余戸と規模が小さいことから卑奴母離が置かれなかったと考えられる。一方で投馬国に置かれたのは、弥弥《みみ》と弥弥那利《みみなり》という別の役職であることから、玄界灘沿岸部とは異なる地域ということになる。つまり、投馬国を除く経由国はいずれも玄界灘沿岸ということになる。畿内説では投馬国は主に吉備あるいは出雲とし、そこから畿内の邪馬台国へ至ることになる。『魏志』倭人伝ではこのほかに21のクニが記されている

『魏志』倭人伝における国々の記載

国	王	特別官	官	副
対馬			卑　狗	卑奴母離
一支			卑　狗	卑奴母離
末盧			――	――
伊都	王	一大率	爾　支	泄謨觚
		「刺史」		柄渠觚
奴			兕馬觚	卑奴母離
不弥			多　模	卑奴母離
投馬			弥　弥	弥弥那利
邪馬台	女王 (男王)		伊支馬	弥馬升 弥馬獲支 奴佳鞮
狗奴	男王		狗古智卑狗	

が、遠く隔たっているために詳しくは記せないとしている。

畿内を圧倒する卑弥呼政権時代の遺物

『魏志』倭人伝では、北部九州のクニグニについて比較的詳しく記されている。古代史研究家の安本美典氏は、『魏志』倭人伝に記されたモノの出土数について、都道府県で比較した。安本氏は、桜井市纒向学研究センター長の寺沢薫氏の『弥生時代政治史研究 弥生時代の年代と交流』（吉川弘文館）から邪馬台国が魏と交流を持っていた西暦200〜260年（庄内期）の鏡の出土数をカウントして県別にまとめた。これによると、合計71面ある鏡のうち、北部九州の福岡県30面、佐賀県10面、長崎県2面に対して、畿内の奈良県3面、京都府4面、大阪府・滋賀県各1面といった結果となった。これら以外に多い地域は愛媛県の6面くらいで、北部九州に庄内期の鏡の出土例が集中していることがわかる。

また鏡以外では、倭人が使う武器として記された鉄鏃《てつぞく》、台与が魏に献上した勾玉《まがたま》、魏からの下賜品かつ倭国から魏への献上品でもあった絹製品などが『魏志』倭人伝には記されている。九州説と畿内説のそれぞれの中心地である福岡県と奈良県を比較してみると、鉄鏃は福岡県398個に対して奈良県4個、勾玉は福岡県29個に対して奈良県3

『魏志』倭人伝に記載されているものに関係する遺物

諸遺物	福岡県	奈良県
弥生時代の鉄鏃	398個	4個
鉄刀	17本	0本
素環頭大刀 素環頭鉄剣	16本	0本
鉄剣	46本	1本
鉄矛	7本	0本
鉄戈	16本	0本
素環頭刀子・刀子	210個	0本
邪馬台国時代に近い 銅矛・銅戈	203本	0本
絹製品出土地	15地点	2地点
10種の魏晋鏡	37面	2面
ガラス製勾玉 ヒスイ製勾玉	29個	3個

出典：安本美典著『「邪馬台国畿内説」徹底批判』(勉誠出版)

個、絹製品出土地は福岡県15地点に対して奈良県2地点と、福岡県が圧倒している。

ただし、北部九州は花《か》崗《こう》岩性土壌で比較的遺物が残りやすいのに対して、奈良県では水田が多く、湿地帯のために遺物が失われやすいという事情も考慮しなければならない。いずれにしても遺物では九州説有利であり、3世紀前半には無視できない勢力であったことは間違いない。

邪馬台国は筑紫平野の環濠集落連合だったのか

畿内と北部九州の集落郡の違い

卑弥呼政権時代の遺物が大量に出土する北部九州だが、一方で大規模な都市遺跡が発見されていないことが最大のウィークポイントになっている。当初は『魏志』倭人伝に記された卑弥呼の居所の建物の記述に一致する吉野ヶ里遺跡が注目されたが、最盛期が卑弥呼政権時代と異なることから現代では、吉野ヶ里遺跡を邪馬台国とする説は下火になっていることは前述した。これに対して、筑紫平野には吉野ヶ里遺跡に匹敵する規模の遺跡が眠っていると考える研究者も少なくない。

そのような中で、歴史学者の片岡宏二氏は、邪馬台国は筑紫平野にあるとし、福岡県久留米市や八女市、みやま市周辺を候補地としている。片岡氏は、卑弥呼政権が日本最有力の権力、さらには唯一の権力であったという前提を疑う必要があるとし、3世紀前半には北部九州を中心とした地方政権である「倭国連合」と、畿内の纒向遺跡を王都と

筑紫平野

福岡県・佐賀県の南部から有明海まで広がる筑紫平野は、1200平方キロあり、弥生時代後期の遺跡が多数ある。

して日本列島の中心的な権力である「倭王権」が並立していたとしている。つまり、「親魏倭王」に封じられた卑弥呼の政権は、日本を治める統一政権ではなく、あくまでも北部九州の1つの地方政権に過ぎないということになる。

九州には纒向遺跡のような大規模な都市遺跡は発見されていないが、片岡氏は7万余戸の邪馬台国や5万余戸の投馬国は、その規模から単独の環濠集落ではなく、複数の集落が政治的・経済的に結びついた遺跡群であると考えた。筑紫平野には3〜10キロ間隔で環濠遺跡がある。環濠を持った集落の造営は、各集落が緊張関係にあったことを意味する。これらの環濠集落の築造が集中するのが、『魏志』倭人伝に記された「倭国乱」があった弥生時代後期後半（2世紀後半から3世紀前半）である。

複数の集落による筑紫平野連合説

卑弥呼政権時代の遺物の出土数は、北部九州が畿内を圧倒する一方で、北部九州の遺跡群では、1つの遺跡に遺物が集中しているわけではない。北部九州はクニ同士が、緊張関係を持ちつつもやがて協力体制を構築していった。畿内では遺跡の規模から纒向遺跡を頂点として、周辺地域のクニが服属する形となっているのに対して、北部九州では特定のクニが遺物を独占することなく、同格の集落が併存しているのだ。

『魏志』倭人伝には、卑弥呼の死後、男王を立てたが国中が服従せず互いに殺し合い、再び女王（台与）を立てたことでようやく治まったことが記されている。片岡氏は、纒向遺跡のような中央集権的な王権であれば、卑弥呼死後のあとの混乱は起きなかったはずとしている。片岡氏の筑紫平野連合説であれば、『魏志』倭人伝における卑弥呼の居所の記述（吉野ヶ里遺跡に見られるような、宮室・楼観・城柵などを備える環濠集落）とクニの規模（7万余戸＝推定329万平方メートル）の両者が成り立つことになるの

2世紀頃の北部九州の遺跡群

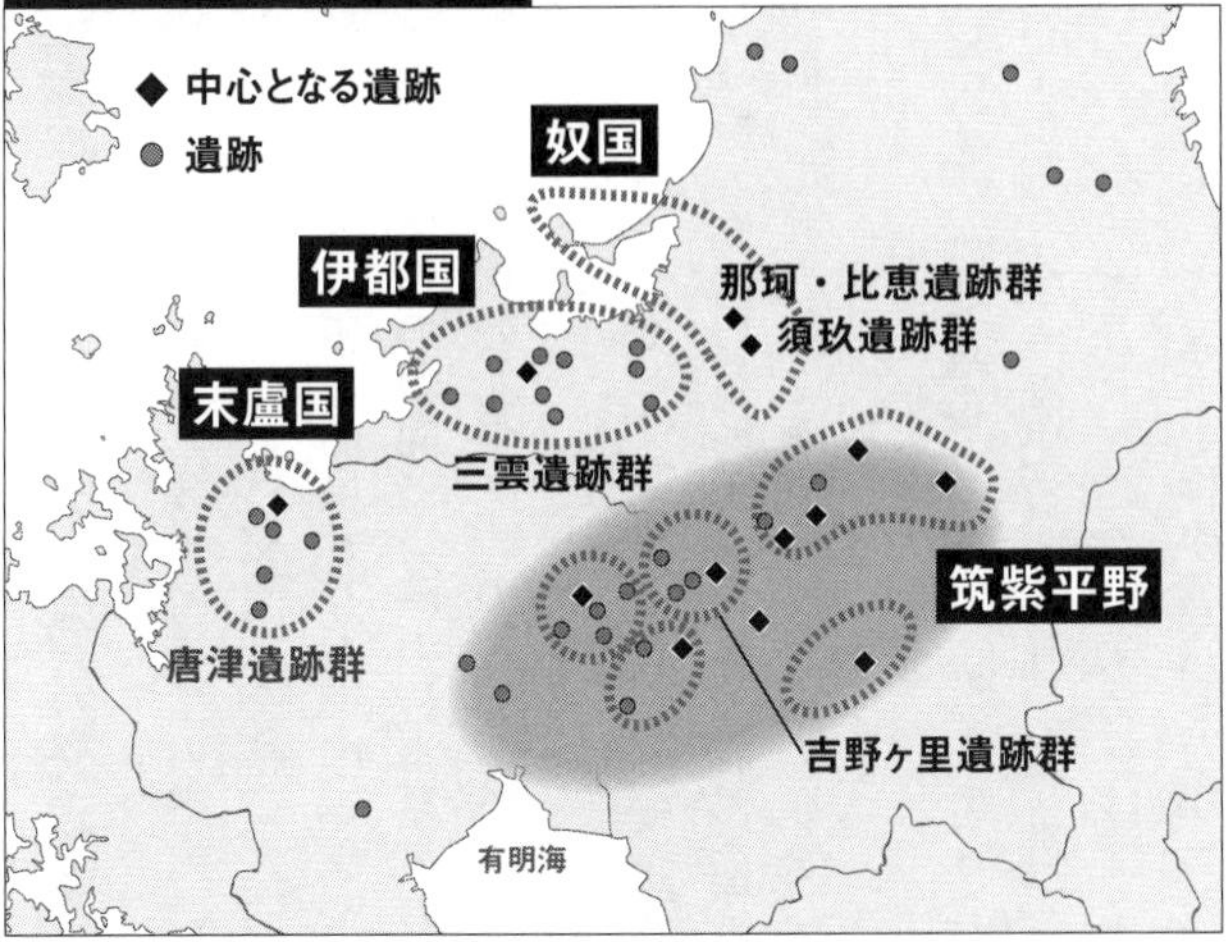

玄界灘沿岸部に末盧国・伊都国・奴国と考えられる遺跡群がある一方で、筑紫平野の遺跡群について『魏志』倭人伝には明確な記述がない。

だ。北部九州の遺跡の状況は、強力なリーダーをつくり出さなかったことを意味し、卑弥呼が「共立王」だったことと一致するのである。

近年、環濠集落の遺跡が筑紫平野（福岡県・佐賀県南部）、筑紫平野の南にある熊本平野、京都《みやこ》平野（福岡県東部）などで見つかっている。これらがどのクニかはわかっていないが、筑紫平野＝邪馬台国とすれば、熊本平野には邪馬台国と戦争状態にあった狗奴国、京都平野には不弥国があった可能性も否定できない。投馬国の位置は不明だが、『魏志』倭人伝の記述とも一致することになるのだ。

卑弥呼政権と畿内王権の外交政策

卑弥呼・台与政権と3世紀後半の畿内の王権との決定的な違いは、外交姿勢だ。卑弥呼・台与が中国王朝と外交関係を結び援助を求めていたのに対して、畿内の王権は朝鮮半島との交易は積極的に行うものの、魏やその後の晋に朝貢することはなかった。3世紀に入ると畿内の纒向に当時の日本最大の王都が築かれたことは間違いないが、卑弥呼政権が北部九州の30のクニの共立王であり、魏に朝貢した1つの政権だったという見方もできる。

『魏志』倭人伝では、魏の皇帝から卑弥呼に銅鏡が贈られた記述があるが、山梨県市川三郷町の鳥居原狐塚《とりいばらきつねづか》古墳や兵庫県宝塚市の安倉高塚《あくらたかつか》古墳群では呉鏡が発見されている。北部九州連合政権が魏と交易する一方で、畿内の王権は呉と交易していた可能性があるのだ。

『三国志』は「魏書」(30巻)、「蜀書」(15巻)、「呉書」(20巻)から構成されるが、魏王朝を正統とする歴史書であり、「魏書」のみに本紀《ほんぎ》と外交記録を含む周辺国の情報を記している。一方で、呉の外交記録はほとんど見られない。その後の晋は魏の後継王朝であるためにヤマト王権が朝貢しなかったこととも矛盾しないことになる。

第2章

プレ邪馬台国時代と倭国王

2世紀にあった日本の五国時代

弥生時代の5つの勢力圏

卑弥呼政権の誕生は西暦188年頃と考えられ、その後、魏の後継王朝である晋が誕生した直後の泰始2年（266）に朝貢した「倭人」は、台与の使者と考えるのが一般的だ。卑弥呼・台与政権は約80年間もの長期政権だったことになる。この時代は、中国では魏・呉・蜀の三国が鼎立《ていりつ》する三国時代と重なる。卑弥呼が共立される前には、「倭国乱」と呼ばれる争乱の時代があったことが『魏志』倭人伝には記されているが、プレ卑弥呼政権時代である2世紀には、多くの地方勢力が存在していた。そのような中で、有力地方は徐々に合従連衡《がっしょうれんこう》を繰り返しながら地域連合体を形成していった。2世紀後半には主に5つの地域連合体が成立したと考えられ、「五国時代」とも呼べる状況となった。

5つの主要勢力を挙げると、1つ目は大陸から多くの人やモノがもたらされる最先端地域である北部九州連合、2つ目は日本を南北に渡って行き来する日本海交易圏を築い

2世紀頃の5大勢力

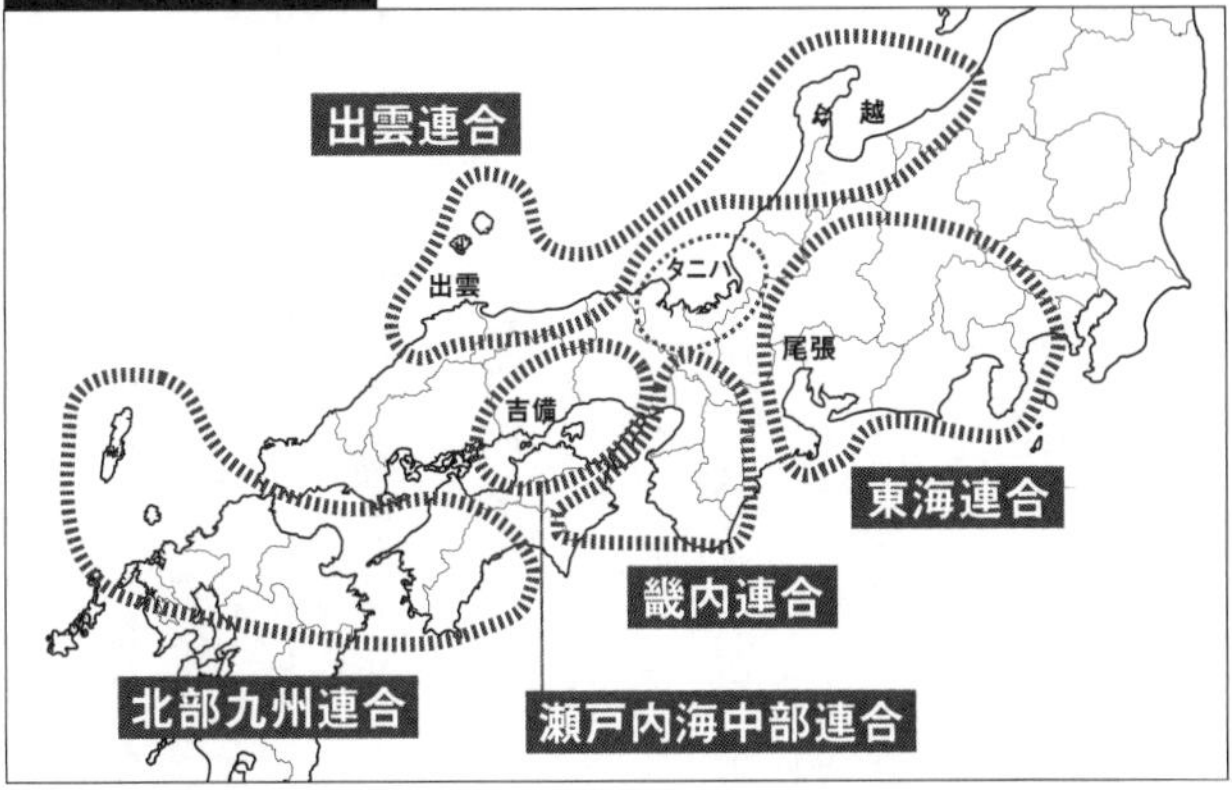

弥生時代のクニグニは自給自足ではなく交易を行っていた。交易によって各地域ネットワークが形成され、物流センターとなったクニを中心に5つの勢力が形成された。

た出雲連合、３つ目は水銀朱や製塩といった製造業で栄えた吉備・讃岐を中心とする瀬戸内海中部連合、４つ目は伊勢湾沿岸部の尾張を本拠地に東国に勢力を伸ばした東海連合、５つ目は3世紀以降に強力な王権を成立させる畿内連合である。

　卑弥呼政権、そしてヤマト王権の誕生においてこれらの5つの勢力が重要な意味を持ってくることになる。さらにこれらの5つの勢力に加えて、日本海側で出雲連合とともに交易圏を形成したタニハの存在がある。タニハは、独立的な立場で時代ごとに各勢力と結びつき、これによって各勢力のパワーバランスが変化することになる。この章ではまず5つの勢力について概要を述べる。

プレ邪馬台国時代にいた北部九州の「倭国王」たち

ナ国王とイト倭国王

2世紀の日本を構成する5つのブロックのうち、1つ目に北部九州を挙げたのはこの地域が弥生時代のほぼ全期間を通じて、先進地域であり続けたからだ。少なくとも2世紀までは、中国王朝が認識している倭国とは北部九州のクニグニだったと考えられる。『魏志』倭人伝では、玄界灘沿岸のクニグニとして、末盧国、伊都国、奴国、不弥国の4つが登場する。このうち大きな力を持ったのが、伊都国と奴国だった。

中国の歴史書における倭国が朝貢した最も古い記録は、『後漢書』東夷《とうい》伝に記されたもので、建武中元《けんむちゅうげん》2年（57）に奴国の使者が朝貢し、光武帝が印綬を授けたとある。この印綬は江戸時代中期の天明4年（1784）に福岡県福岡市の志賀島《しかのしま》で発見された「漢委奴国王」と刻まれた金印とされる。

奴国の国邑《こくゆう》（クニの中心となる集落）は福岡県福岡市の比恵《ひえ》・那珂《なか》遺跡と考えられ、

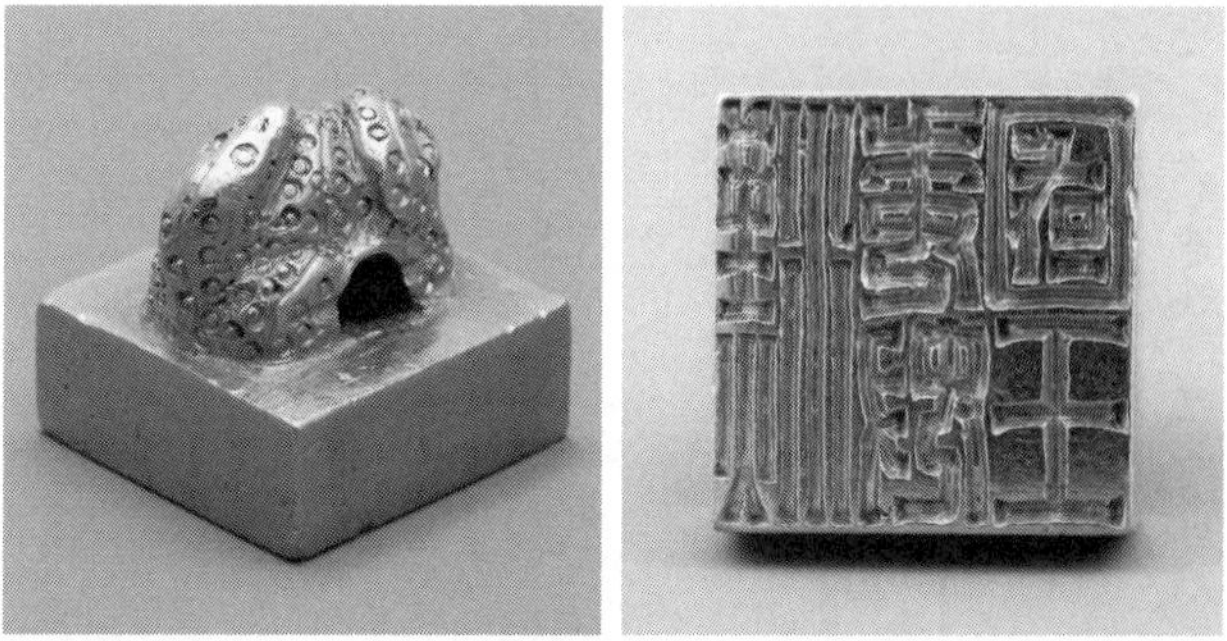

「漢委奴国王」金印　福岡市博物館 所蔵
『後漢書』東夷伝には、建武中元2年（57）に奴国の使者が朝貢し、光武帝が印綬を授けたとあり、志賀島からはこの印綬と考えられる金印が出土した。

志賀島は博多湾を挟んだ対岸にある。同じく『後漢書』東夷伝には、さらにその半世紀後の永初《えいしょ》元年（107）に倭国王の帥升《すいしょう》が朝貢し、生口《せいこう》160人を安帝に献上したことが記されている。

桜井市纒向学研究センター長の寺沢薫氏は、2世紀まで中国王朝（後漢）と外交の窓口となったのは、ナ国（奴国の前身）とイト国（伊都国の前身）の2つの勢力であり、107年に朝貢した帥升はイト国の王だったとしている。ナ国の王墓である須玖岡本《すぐおかもと》遺跡（福岡県福岡市）や、帥升の王墓とも目される井原鑓溝《いわらやりみぞ》遺跡（福岡県糸島市）、最後のイト国王の王墓と考えられる平原《ひらばる》1号墓などからは、ほかの地域には見られない中国鏡や副葬品が大量に出土している。こうしたことから、北部九州ではナ国連合とイト国連合へと勢力が収束していったと考えられる。

最初に主導権を握ったのはナ国だった。『漢書』王莽《おうもう》伝には、西暦8年に王莽が新《しん》を興した際に「東夷の王、海を渡って国珍を奉じた」とある。この東夷の王が倭の王であるかは定かではないが、「海を渡って朝貢した東夷の王」ということを考えれば、ナ国王かイト国王の可能性がある。寺沢氏は、須玖岡本遺跡の墳丘墓の被葬者はこの時の東夷の王の可能性を指摘し、この2、3代のちのナ国王が光武帝に朝貢した人物としている。ただし、ナ国では弥生時代後期（2世紀）以降の王墓級の墓が見つかっていない。

その一方で、イト国では、2世紀末の平原1号墓に至るまで、王墓級の墓が存在する。こうしたことから寺沢氏は、2世紀に入るとイト国を盟主とした「イト倭国」とも呼べる政治的連合体が誕生し、イト倭王の帥升が朝貢したとしている。2世紀以降にナ国で王墓級の墓が発見されないのは、イト倭国に参画したためとすればうなずける。

産業の奴国と外交の伊都国

こうした流れは北部九州に残る戦いの痕跡からも見ることができる。北部九州では紀元前2世紀頃から激しい争乱が行われるようになったと考えられ、この時期から出土する甕棺《かめかん》の数が急激に増加する。当初は平野部に多かった犠牲者の墓は、やがて平野同士をつなぐ地峡部にあたる筑紫野市あたりに集中するようになる。これは博多平野の勢力である奴国と、筑紫平野の勢力とが争った形跡とも読み取れる。この戦いに勝利した奴国は、中国王朝に朝貢するようになったのではないだろうか。

『魏志』倭人伝では、伊都国の戸数は「千余戸」とあるが、三国時代に記された『魏略』逸文には「万余戸」とあることから「千」は「万」の誤りとされる。これに対して奴国の戸数は2万余戸であり、伊都国のほぼ倍である。規模では奴国の方が大きいが、伊都国は末盧国に隣接しており、大陸との外交において地理的に有利な地だった。中国王朝と外交を展開した弥生時代にはすでに文字が使われていたと推測されており、福岡県糸島市の御床《みとこ》松原遺跡は硯《すずり》の工房跡とも見られている。

もっとも奴国と伊都国はライバル関係にあったものの敵対的ではなかったようだ。北部九州では祭祀に銅矛《どうほこ》や銅《どう》戈《か》が用いられたが、その鋳《い》型《がた》のほとんどは奴国の領域から出土している。奴国は青銅器の生産、伊都国は外交と政治という形で分掌していたことがわかる。

伊都国の女王
伊都国歴史博物館 提供
平原1号墓に埋葬されていた伊都国の女王の復元イメージ。

日本海の大国・出雲連合と緩衝国家・タニハ

海洋国家として発展した出雲連合

大陸との外交で発展していった北部九州に対して、日本国内の流通を担ったのが、山陰地方の出雲だった。九州から畿内、東日本を結ぶルートとしては、日本海ルート以外にも瀬戸内海と太平洋がある。しかし、日本海を北上する対馬《つしま》海流の流速は時速1〜1・5ノット（1・9〜2・8キロ）程度なのに対して、瀬戸内海では干満の差が激しいため流れが速く、特に海峡部では時速5〜10ノット（9・5〜19・5キロ）にも達する。太平洋側には黒潮が北上しており、瀬戸内海ほどではないが流速は時速3〜4ノット（5・7〜7・6キロ）あり、また日本海側にあるような半島が少ない。そのため、古代においては日本海ルートがメインの交易ルートとなった。

この日本海交易ルートの拠点となったのが、出雲（島根県東部）だった。かつての島根半島は現在よりも内陸にまで内海が広がり、ラグーン（潟湖）を形成していた。この

西谷墳墓群（島根県出雲市）
四隅突出型墓はタニハがある丹後半島周辺部以外の日本海沿岸部各地に造営された。

ラグーンは天然の良港として機能した。また北部九州から対馬海流に乗った場合の最初の半島が島根半島だった。山陰地方では弥生時代の鉄器も出土しており、朝鮮半島と出雲が直接交易していた可能性も指摘されている。

出雲は、日本海沿岸部の交易の拠点として、伯耆《ほうき》（鳥取県西部）、因幡《いなば》（鳥取県東部）、越《こし》（福井県東部から新潟県）に交易圏を構築した。これらの地域には、出雲発祥の墳丘墓である四隅突出型墓《よすみとっしゅつがたぼ》が造営され、出雲連合を形成した。

独自勢力を維持したタニハ

日本海側には出雲以外にもう1つの海洋国があった。「丹波」の地名の由来となったタニハである。タニハは宮津湾と若狭湾沿岸部にあった勢力で、京都府北部から福井県西部一帯にあたる。日本海を北上した際に島根半島の次の半島である丹後半島があるエリアだ。丹後半島の東側の宮津湾には日本三景の1つである天橋立《あまのはしだて》があり、古代においてはラグーンを形成していた。出雲と同様にタニハも天然の良港を持っていたのである。タニハのエリアは日本海沿岸部において、出雲発祥の四隅突出型墓の空白地となっている。タニハではそれまで近畿式銅鐸《どうたく》と呼ばれる銅鐸祭祀を行っていたが、2世紀後半にはオリジナルの方形の墳丘墓（方形台状墓）が造営されており独自の文化圏を形成していったことがわかる。ちなみに丹後半島の次の半島は能登半島になり、再び出雲連合の勢力地となる。

日本海側に位置するタニハが出雲連合に参加せずに、独自勢力を保ち続けたのは、瀬戸内海東部の勢力（吉備・讃岐）や畿内の勢力と交易を行っていたからだ。日本海側の若狭湾に流れる由良川《ゆら》と、瀬戸内海側の播磨灘に流れる加古川《かこ》の間には、日本で最も低い分水嶺・水分《みわか》れがあり、容易に南北に移動することができる。このルートは氷上《ひかみ》回廊と呼ばれ、縄文時代から交易ルートとなっていた。タニハから瀬戸内海側の播磨灘に出れば、西に吉備・讃岐、東に難波津《なにわのつ》（大和の外港）がある河内につながる。

近世には鯖《さば》街道と呼ばれる街道が小浜湾から琵琶湖まで整備されたが、このルートも比較的ゆるやかな峠となっている。この鯖街道を使えば、タニハは伊勢湾沿岸部を本拠

四隅突出型墓の分布と氷上回廊

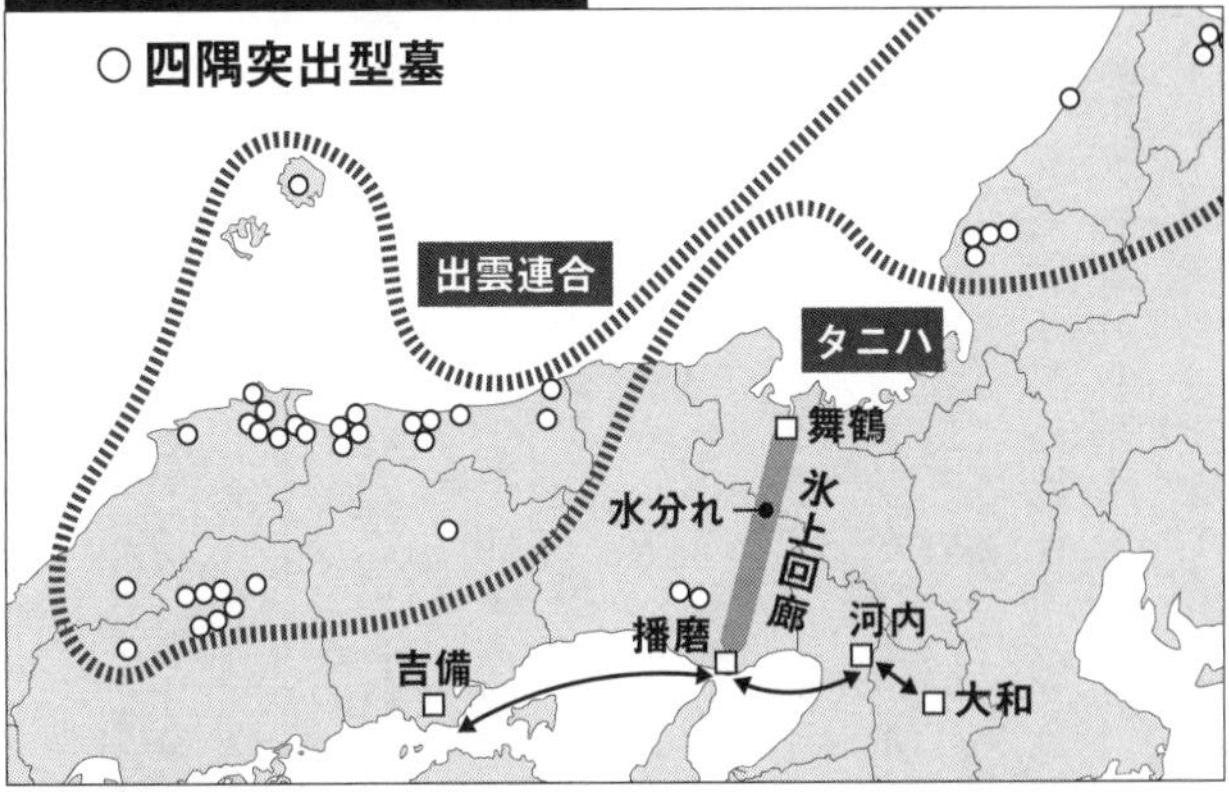

日本海沿岸部には、出雲を中心とした交易ネットワークとは別にタニハが独自の勢力圏を維持していた。タニハは氷上回廊を通して、瀬戸内海側と交易を行った。

地とした東海勢力とも結びつくことができる。つまり、タニハは弥生時代の主要な3つの勢力の交易の拠点となっていたことになる。主要勢力をバックに持ったタニハは、出雲とは一線を画す独自路線を歩むことができたと考えられる。

　ただし、出雲連合とタニハは対立関係にあったわけではなく、丹後半島からは出雲で生産された勾玉などの玉類、出雲連合に加わっていた越で産出されるヒスイなどが出土している。地政学では大国同士の間にある国が大国同士の直接衝突を回避する役割を担う「緩衝国」がある。タニハはまさに緩衝国として、各勢力のパワーバランスの中で独自勢力を維持したと考えられる。

独自の文化圏を構築した瀬戸内海中部連合

前方後円墳の原型が生まれた讃岐

瀬戸内海は中国山地と四国山地に挟まれているために、南北から雲が侵入しづらく、年間を通じて降雨が少なく温暖な気候となっている。四国は西部では北部九州の影響を受けて平形銅剣が祭祀に用いられたのに対して、東部では近畿式銅鐸が用いられた。しかし、2世紀になるとほかの地域と同様に青銅器祭祀は放棄され、四国北東部に位置する讃岐（香川県）では陸橋つきの円形周溝墓が造営されるようになった。この陸橋つきの円形周溝墓は、前方部が極端に小さい前方後円墳の形状をしており、その後、瀬戸内海対岸の播磨や吉備に伝播した。ただし、讃岐では王墓級の墓は造営されなかったことから、大きな力を持った王的な首長はいなかったと考えられる。

吉備がある岡山平野は、高梁川《たかはし》、旭川、吉井川などの河川によって形成された沖積平野で、火山噴火や地震などの災害が少ない地である。2世紀の各地の勢力は、北部九州

楯築墳丘墓（岡山県倉敷市）
2世紀最大の墳墓である楯築墳丘墓は、独特な文様が刻まれ弧帯文石が出土するなど独自の祭祀文化を持っていたことがわかっている。

ならば銅矛・銅戈と甕棺墓のように、独自の葬送形式と祭祀道具を持っていた。土器には器台と呼ばれる供物を乗せるためのものがあるが、吉備ではこの器台が巨大化して、円筒形の埴輪《はにわ》へと変化した。この吉備独自の土器は特《とく》殊器台《しゅきだい》と呼ばれ、吉備勢力範囲である岡山県で多く出土し、一部は出雲、讃岐、大和などで見つかっている。

2世紀最大の墳墓・楯築《たてつき》墳丘墓

この吉備で2世紀最大の墳墓が造営された。2世紀中頃に造営された楯築墳丘墓（岡山県倉敷市）は、最大直径約49メートル・高さ約4～5メートルの楕円形の円丘に北東と南西側に突出部を持った双方円丘形《そうほうえんきゅうがた》で、全長は約83メートルと推定される。かつては頂上部分に祠《ほこら》があり、御神体が納められていた。独特な文様が刻まれた弧帯文石《こたいもんせき》と呼ばれるこの奇妙な御神体の石と同形の石が楯築墳丘墓から出土し、何らかの呪術的な意味があったと考えられる。また円丘上には5枚の巨大な石が立っている。

楯築墳丘墓では葺石《ふきいし》が確認されたほか、方形部からは特殊器台が出土している。墳丘の葺石と墳丘上の埴輪の配置はその後の纒向の前方後円墳にも見られる。

さらに楯築墳丘墓の埋葬施設では、棺を木槨《もっかく》と呼ばれる木の外箱で覆う二重構造が確認された。木槨は朝鮮半島から北部九州に伝来したが、2世紀における大型の木槨の出土例として唯一である。木槨はその後の古墳に用いられている。さらに棺の底には貴重な水銀朱が約32キロも用いられていた。水銀朱は北部九州の埋葬施設に見られる特徴である。このように楯築墳丘墓は、北部九州の影響を受けながら、のちに纒向遺跡に引き継がれる多くの特徴を有していることがわかる。

四国の弥生時代の変遷を見ると、北部九州の文化と畿内の文化のプラットフォームの役割を担い、2世紀になると四国東部で吉備を中心とした独自の文化圏を醸成していった様子が読み取れる。やがて北部九州の文化を吸収した吉備の文化は、畿内へと伝播して纒向の前方後円墳に結実していく。

こうした流れを考古学者の故・松木武彦氏は、政権の移行を示すものとして、楯築墳丘墓が後漢に朝貢した倭国王・帥升の墓という大胆な推測をした。クニ同士が合従連衡していく中で、日本全域を治める地として、政権が東へと移行していった。つまり、北部九州（1世紀）→吉備（2世紀）→畿内（3世紀）と政権が東へと移行していき、その過渡期にあたる吉備は、北部九州と畿内の両方の特徴を併せ持つ存在だったというのだ。

邪馬台国畿内説では、不弥国から邪馬台国へ至る中間地点に位置する投馬国は、遺跡や遺物の出土例から、出雲あるいは吉備と考えられている。

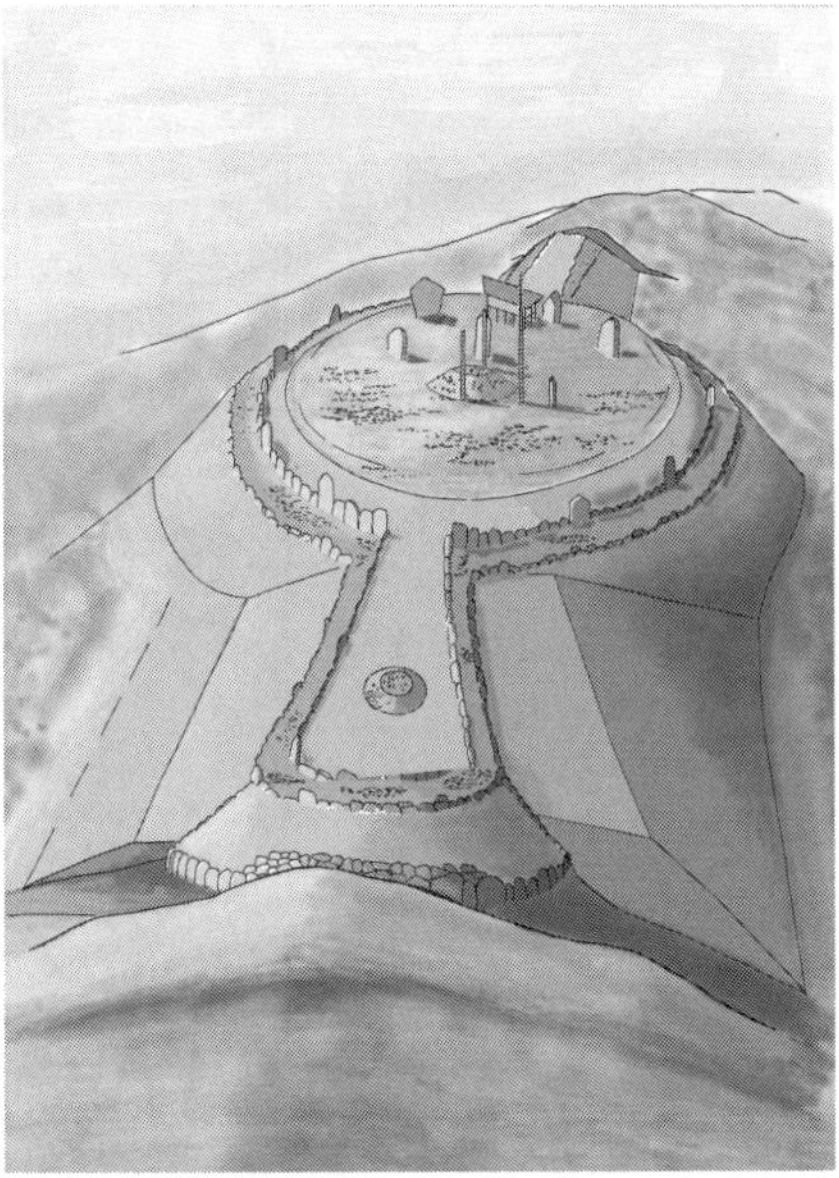

楯築墳丘墓の復元イメージ
岡山大学考古学研究室 提供
最大直径約49メートルの円丘部に2つの方形部が付属している。墳丘を囲むように列石が2段になって並べられており、その間は葺石で覆われている。

卑弥呼政権に対抗した狗奴国と目される東海連合

朝日遺跡に見られる鉄壁の防御施設

邪馬台国畿内説で、近年、狗奴国があった場所として有力視されているのが、東海地方だ。中心となったのは伊勢湾沿岸部の濃尾平野だったと考えられる。濃尾平野は日本で5番目に大きい平野で、約1300平方キロあり、木曾川、長良川、揖斐《いび》川、庄内川といった河川もある。第1位の関東平野は当時未開拓の地域であり、第2、3位は北海道、4位は新潟の平野のため稲作には不向きである。こうした地理的なアドバンテージを背景に、濃尾平野に強力なクニが誕生した。

濃尾平野では紀元前1世紀から後1世紀にかけて、稲作が安定するようになり、これに伴って遺跡の分布が広がる。こうして経済力をつけた尾張は、やがて未開地である東へと勢力を拡大していき、東海連合ともいうべき勢力へと成長していったと考えられる。

北部九州が1世紀頃に奴国や伊都国を中心としてまとまる中で、東海地方、畿内、瀬

乱杭と環濠
吉野ヶ里遺跡に復元された乱杭が環濠の周囲を囲んでいる。朝日遺跡ではこれらに加えて逆茂木が用いられた。

戸内海中部の各地では本格的な戦いがはじまったと考えられる。後述するが、畿内と瀬戸内海中部連合が協力体制を構築する中、東海地方はこれらの西の勢力に対抗した。

『魏志』倭人伝では、邪馬台国と狗奴国が交戦状態にあったことが記されているが、東海地方には激しい争乱があったと考えられる防御施設の遺構が発見されている。尾張と大和の間には山地があるが、距離的には近い。そのため、濃尾平野の遺跡からはほかの地域には見られない強固な防御施設が見つかっている。愛知県清須市の朝日遺跡からは、環濠に加えて土で築かれた防壁が備えられていた。その周りを、溝に枝つきの枯れ木を植えた逆茂木《さかもぎ》と呼ばれる防御施設が二重に囲んだ。逆茂木は原始的な鉄条網のようなもので、戦国時代にも用いられた防御力の高いバリケードである。この防御柵の周囲には、先端を斜めに切って鋭利にした木を地面に斜めに打ち込んだ乱杭《らんぐい》が備えられた。乱杭があるために敵兵は大勢では攻められず、少数の兵は逆茂木に阻まれ、そこを突破しても環濠と高い防壁に阻まれるという鉄壁の守りである。当時のクニでこれほどの守りを固めた遺跡は例がない。

独自の文化圏を構築した東海地方

もともと畿内と東海地方はともに銅鐸を祭祀に用いる同一文化圏だった。しかし、やがて東海地方では畿内の近畿式銅鐸とは異なる三遠式銅鐸がつくられるようになった。三遠式銅鐸とは、三河・遠江（愛知県東部）で多く出土することから名付けられた銅鐸で、飾り耳が小さく、表面の紋様も異なる。

また愛知県から岐阜県にかけては、赤く彩色され優美な形の土器が見つかっており、ギリシアの宮廷陶器に匹敵することから「パレス・スタイル土器」と呼ばれる。このパレス・スタイル土器は2世紀から3世紀にかけて約200年間製造された。このほかにもほかの地域には見られない胴部に円い孔《あな》を持つ円窓付壺《まるまどつきつぼ》や線刻で人面を描いた人面文壺形土器が発見され、これらは何らかの祭祀に用いられたと考えられる。東海地方では、畿内以西とは一線を画す、独自の文化圏を構築していたことがこれらの出土物からもわかる。

『魏志』倭人伝には、邪馬台国の女王・卑弥呼、外交を担い周辺地域を監督した一大率が置かれた伊都国の王、そして邪馬台国と交戦した狗奴国の卑弥弓呼《ひみここ》の3人の王が登場する。令和3年（2021）、岐阜県大野町にある笹山古墳が濃尾平野で最古級の前方後方墳である可能性が高まったことが発表され。調査によって笹山古墳は2世紀末～3世紀初めの造営で、墳丘長は50～60メートル規模と推測される。これは同時期の古墳としては最大規模になる。狗奴国が東海地方にあったとすれば、狗奴国王の墓の可能性も考えられる。

パレス・スタイル土器　東京国立博物館 所蔵
東海地方では、赤色顔料を用い、洗練された形を持ったパレス・スタイル土器と呼ばれる土器が製造された。

唐古《からこ》・鍵《かぎ》遺跡に見る新興国家・大和

大型化した畿内の武器

3世紀初頭に突如として出現する纒向遺跡だが、弥生時代の奈良盆地には纒向遺跡以前の大規模な集落遺跡があった。奈良県田原本町にある唐古・鍵遺跡である。奈良盆地のほぼ中央に位置する唐古・鍵遺跡の面積は約42万平方メートルを誇り、大型建物、高床・竪穴式住居、木器、区画溝などを備えていた。

畿内は敵対する尾張と隣接しているため、唐古・鍵遺跡には何重もの環濠がめぐらされ、内濠の直径は約400メートルである。奈良盆地や河内平野からはこうした多重環濠集落が多く見つかっており、3～10もの環濠がめぐらされた。東海地方の防御施設に比べるとシンプルな構造ともいえる。

一方、攻撃用の武器について畿内は力を入れていたようだ。畿内では、石鏃《せきぞく》（矢の先端につける石製の鏃《やじり》）に大型（3センチ以上、2グラム以上）のものが多く出土している。形状は長く厚い木の葉型の特徴を持つ。また槍や鉾としても転用できる長さ約15～20センチの大型の短剣が発達した。

奈良盆地は南北約30キロ、東西約16キロで、約300平方キロと決して大きな面積ではないが、周囲を山で囲まれており、災害が少なく、安定的な稲作が行われていたと考えられる。ただし、畿内が北部九州などに比べて、文化的に後進地域だったことは否定できない。特に鉄器についてはは2世紀後半になるまで北部九州が圧倒していた。

2世紀になると、各地で大型の王墓が造営されるようになり、また北部九州では豪華な副葬品が埋納された。一方で、奈良盆地では2世紀後半まで王墓級の墓は造営されることはなく、王族墓でも小型の方形の墳丘墓で副葬品も多くない。ここから2世紀後半になるまでは、畿内では強力な王が登場することなく、階級的な上下関係が明確ではないゆるやかな政治体制を持っていたとも考えられる。

このことは祭祀形式からも読み取れる。北部九州では早くから銅鐸祭祀が廃止されたのに対して、畿内では2世紀後半まで続けられた。武具ではない祭祀具を用いた畿内は、コミュニティ内における権力闘争が少ない社会体制を物語っているのではないか。安定的な農業生産とゆるやかな政治体制によって畿内では激しい主導権争いが起きなかったことから、経済力を高めていったともいえるだろう。

インタビュー❶

ヤマト王権はどのように誕生したのか 3世紀の纒向遺跡からひもとく

奈良盆地の東南部に優美な姿を見せる三輪山《みわ》。その西麓に3世紀の初め頃、突如として現れたのが纒向遺跡である。この時期を弥生時代後期の最後だと唱える学説があるが、桜井市纒向学研究センター長の寺沢薫氏は古墳時代の最初に置く。忽然と現れた巨大な遺跡は日本列島の弥生時代から古墳時代への移行、そしてヤマト王権誕生の鍵を握るという寺沢氏の考えを詳しく聞いた。

桜井市纒向学研究センター長
寺沢 薫（てらさわ・かおる）
1950年、東京都生まれ。同志社大学文学部卒業。奈良県立橿原考古学研究所で調査研究部長などを歴任し、2012年より現職。第15回濱田青陵章受賞。主な著書に「日本の歴史02 王権誕生」（講談社・講談社学術文庫）、「青銅器のマツリと政治社会」「王権と都市の形成史論」（いずれも吉川弘文館）、「弥生国家論―国家はこうして生まれた」（敬文舎）、「卑弥呼とヤマト王権」（中央公論新社）などがある。
取材・文／郡 麻江

類例を見ない大規模、かつ計画的に造営された都市遺跡

「纒向遺跡は、古代の纒向川がかたちづくった扇状地内の、5つの微高地と丘陵からなる巨大な集落遺跡です。200次を超える発掘調査によって、この遺跡が同じ時期の列島内の大規模農耕集落とは大きく異なることがわかってきました。この特異性からそれまでに類を見ない、非常に計画性のある王都の姿が浮かび上がってきたのです」

大王都纒向の復元図
（原画：寺沢薫　CG制作：加藤愛一）

第一に遺跡の規模が最盛期で約3平方キロにも達し、これは弥生時代のどんな大きな集落でも30ヘクタールほどにも満たないことを考えれば空前の規模といってもいい。

第二に纒向遺跡は他の遺跡に比べて農業的な色彩が薄い。出土した道具をみると土木具の鋤《すき》と農器具の鍬《くわ》の比率が9：1と異常な比率を示しているのだ。これは大規模な都市建設のための土木具を必要としたためと見ることができる。

また遺跡内で見つかった花粉の分布を調べるとイネ属の花粉が集落全体ではなく、特定の地点に限られており、米を収穫するための道具の痕跡もほとんどない。さらに都市の造営開始と同時に矢板で護られた長大な運河が見つかり、都市建設に極めて高い計画性が見てとれるという。

第三に纒向遺跡には北部九州から南関東、さらには朝鮮半島製の土器も含めて、かなりの広域から土器が多数搬出されている。キビの特殊器台をはじめ、イヅモ、コシなどの首長墓（王墓）の供献《きょうけん》用の土器類も見られる。

また、宮殿風の大型の居館遺構や、王権の祭祀と関係の深い導水施設、祭祀遺物なども発見されている。記紀によると周辺に10代崇神《すじん》天皇の磯城瑞籬宮《しきみずがきのみや》、11代垂仁《すいにん》天皇の纒向珠城宮《たまきのみや》、12代景行《けいこう》天皇の纒向日代宮《ひしろのみや》などの伝承がある。

「纒向遺跡は弥生時代にはほとんど人の手が入らぬ地域でした。しかし3世紀になって突然、多くの人が流入し、巨大な集落を形成し、100年も経たないうちに突然、衰退します。短期間における隆盛と衰退は、纒向遺跡がそれまでの弥生時代の拠点的な大規模農耕集落とは違って、計画的に建設された政治的な都市、つまり、ヤマト王権という政体の最初の大王都である可能性が非常に高いと思います。私は纒向遺跡をこの国で最初の都市遺跡だと考えています」

新たなる時代の到来を告げる纒向型前方後円墳の登場

寺沢氏が重要視しているのが、3世紀前半の遺跡周辺に見られる列島最初の前方後円

図1 纒向遺跡における前方後円墳の出現と変遷

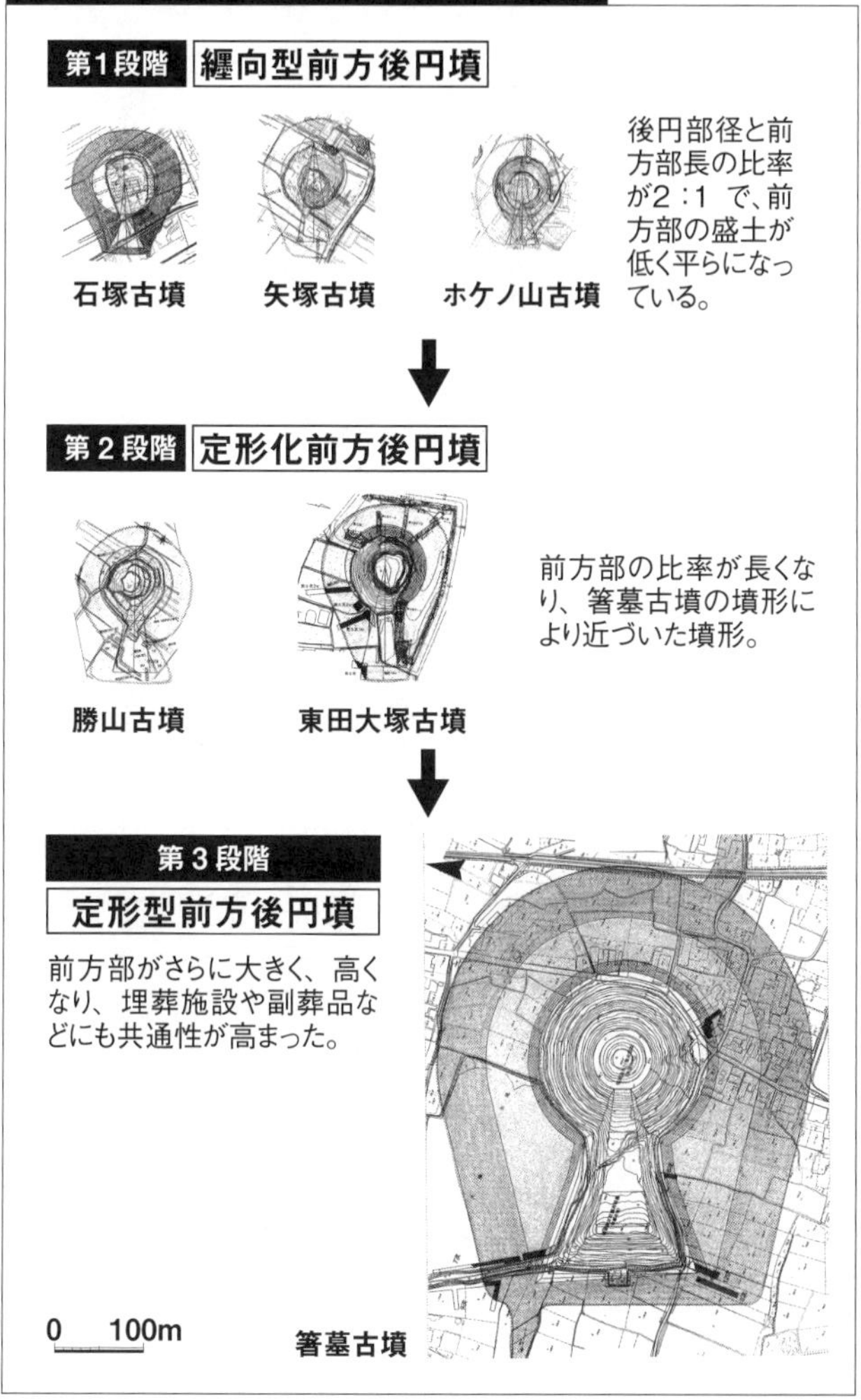
第1段階
纒向型前方後円墳
石塚古墳
矢塚古墳
ホケノ山古墳
後円部径と前方部長の比率が2：1 で、前方部の盛土が低く平らになっている。
第２段階
定形化前方後円墳
勝山古墳
東田大塚古墳
前方部の比率が長くなり、箸墓古墳の墳形により近づいた墳形。
第３段階
定形型前方後円墳
前方部がさらに大きく、高くなり、埋葬施設や副葬品などにも共通性が高まった。
0 100m
箸墓古墳

墳6基の存在だ。この6基を調べると前方後円墳の墳形の発展には三段階あることがわかったという。

「第一段階は後円部と前方部の長さの比率が2：1の『纒向型前方後円墳』で、このタイプは3基あります。第二段階は前方部の比率が長くなり、箸墓《はしはか》古墳の墳形により近づいた『定形化前方後円墳』で、このタイプは2基あります。第三段階として箸墓古墳が登場するわけですが、この墳形を『定形型前方後円墳』と呼びます」（図1参照）。

第一段階の「纒向型前方後円墳」の墳丘長は90メートル級だったが、わずか数十年の間に箸墓古墳の290メートルという巨大古墳へ飛躍的に展開している。箸墓古墳の出現をもって古墳時代のはじまりという説もあるが、古墳のサイズには大きな差があるものの「纒向型前方後円墳」の出現こそが古墳時代のはじまりではないかと寺沢氏は論じる。第三段階の「定形型前方後円墳」はその後、列島全体に広がっていくが、それに先駆けて、第一段階の「纒向型前方後円墳」が北部九州から南関東まで拡散され、次々と築造されたことがわかっている（図2参照）。

「古墳の大きさや副葬品などの特徴をみると、纒向遺跡とその周辺の纒向型前方後円墳を頂点として、明らかにピラミッド型の序列をかたちづくっていることがわかります。王権中枢と地方の古墳には明らかな階層差が生じており、政治的な関係がこの時点

図2 纒向型前方後円墳の拡散と規模

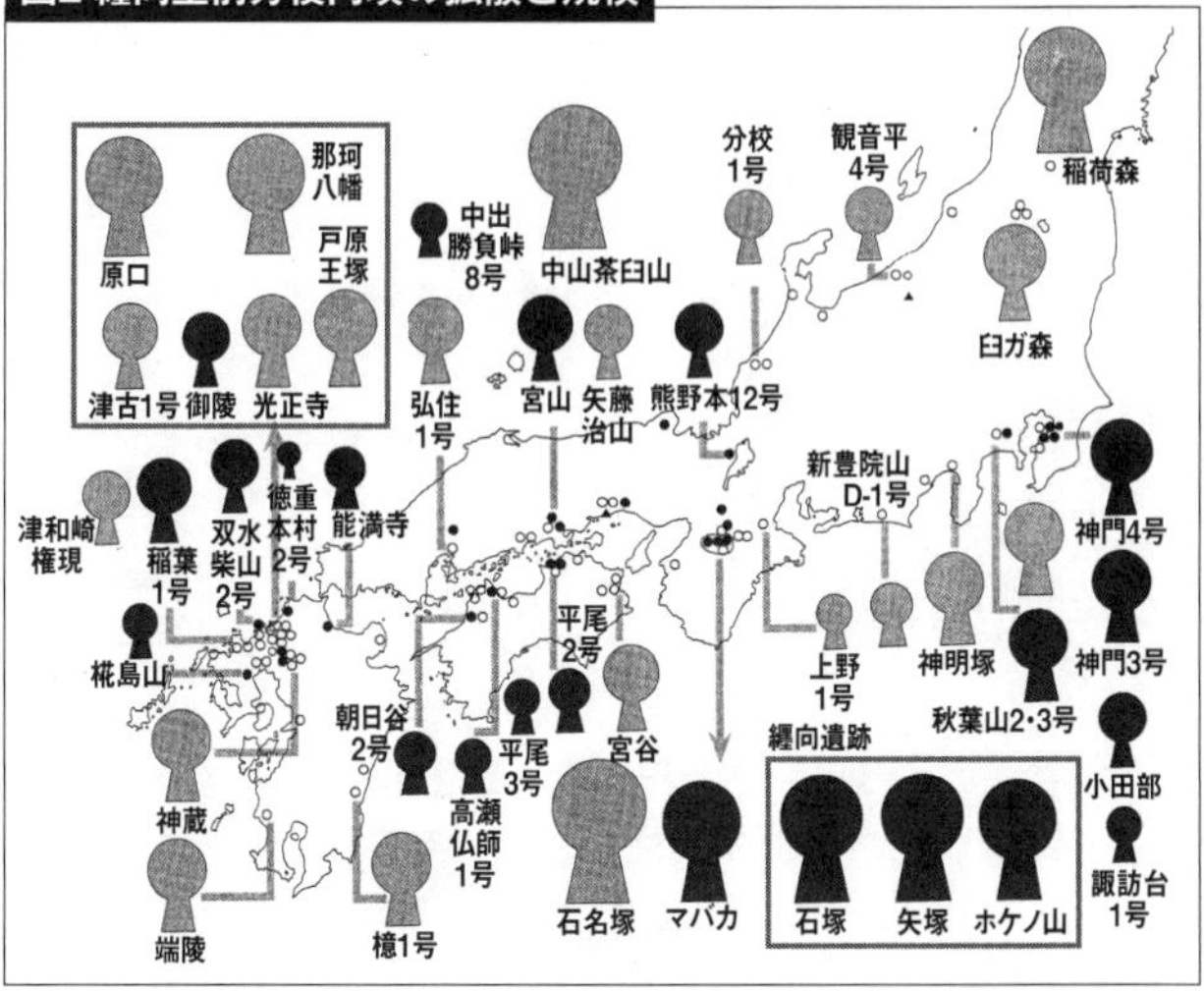

黒色が3世紀前半期、グレーは3世後半期の古墳。グレーの古墳の段階ですでに纒向では墳丘長約290メートルの箸墓古墳が成立している。

で明確になっていると考えられます」

列島初の巨大古墳である箸墓古墳の登場をもって弥生時代が終わり、古墳時代に突入したといわれてきたが、寺沢氏はそうではなく、前段階の纒向型前方後円墳こそが時代の転換期だったのではないかという。

「ヤマト王権は文字通り、ヤマトに大王都を築いた王権であり、大王を頂点とした列島規模の政治体制だといえます。古墳時代の開始時期はあくまで政治的な事象によって決定すべきで、そういう意味でもヤマト王権の大王都である

図3 倭国乱の頃の地域勢力とそのシンボル

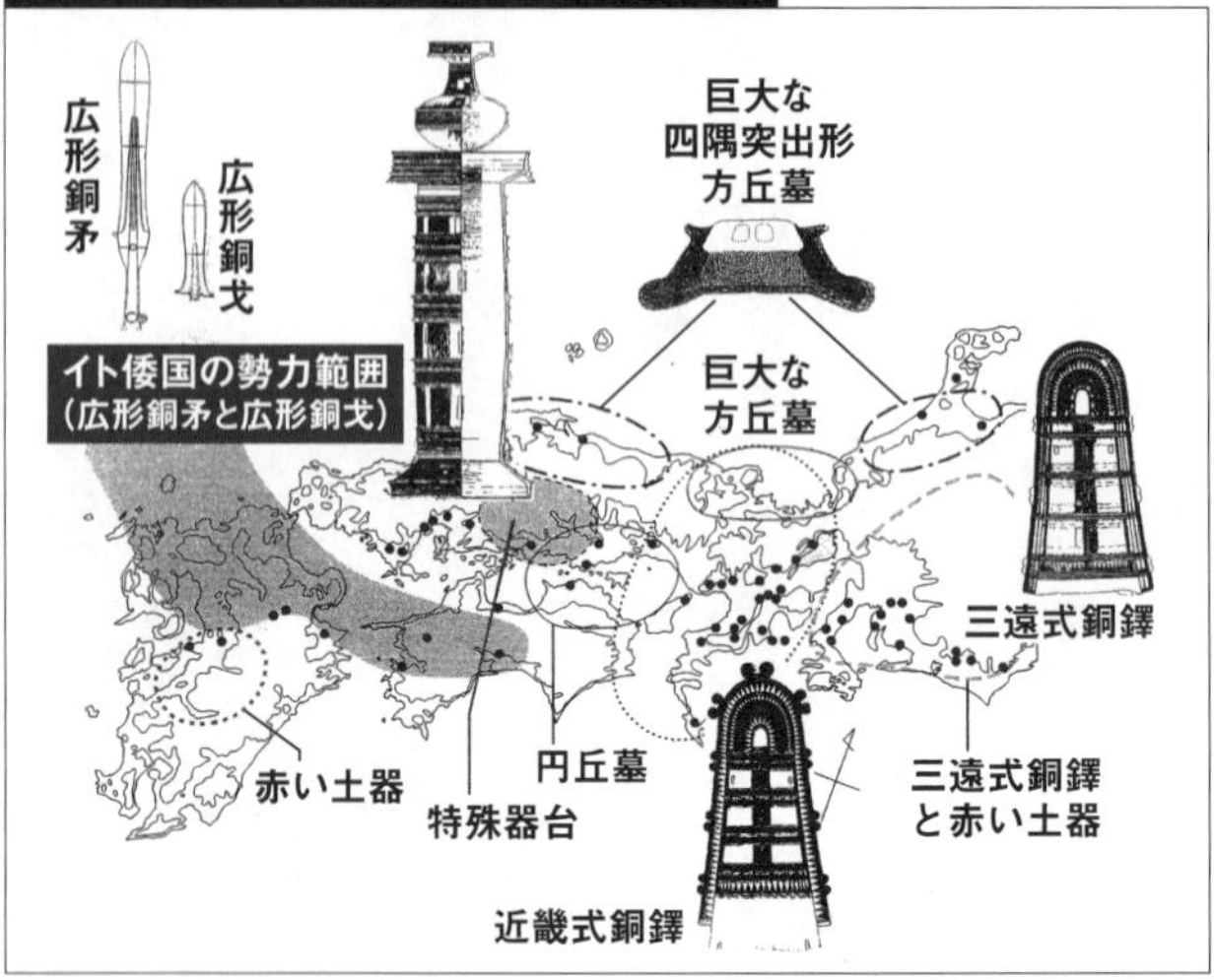

2世紀後半、後漢王朝が衰退するとイト倭国の支配力や権威に影を落とし、各地域の首長墓やマツリに新たな変化が現れはじめた。

纒向遺跡の建設と、同時期にこの地に現れた纒向型前方後円墳の築造をもって古墳時代がはじまったとみるべきだと思います」

　さらに前方後円墳はもう1つ、重要な要素をはらんでいると寺沢氏はいう。

　2世紀の後半になるとイヅモ、キビ、タニハ、コシの首長層が巨大な墳丘墓を築き、地域独自のシンボルを掲げて自らの力を誇示して独自のアイデンティティを主張し始める（図3参照）。

　それは祭祀においても同じで、岡山県の楯築《たてつき》墳丘墓からは帯状の文様でぐるぐる巻きにされた弧帯《こたい》文石《もんせき》をはじめ、破砕された供献土器や呪具が見つかっている。また福岡県の平原遺跡では多数の破砕された銅鏡が出土しているが、これらは何らかの秘儀を行うための呪器や呪具の可能性があるという。

「弥生時代の終わり頃から最重要祭祀のかたちが、稲の豊穣を祈る『農耕的祭祀』から、王の死に際して新王が亡き王の霊力を引き継ぐための『首長霊継承』のための儀式へと変遷していったのではないでしょうか。亡き王は人格化した霊＝神となり、首長霊継承の儀式は前方後円墳での最も重要な儀式として、引き継がれたと考えていいと思います」

農業生産を中心とする社会で自然発生的に血縁を越えて小共同体がまとまり、やがて大共同体となって各地域のクニとなり、寺沢氏はそれを部族的国家と呼ぶ。図4では前方後円墳で行われた祭祀の地域別の重要な要素（属性）を抽出しているが、どの地域の部族的国家の王墓が繋がっているかがわかる。前方後円墳を構成する重要な要素の多くがイト国を中心とした北部九州、キビを中心とした瀬戸内海沿岸部やイヅモなどに見られ、次いでタニハ、わずかに畿内などに散見される。

「これらの勢力は西日本を中心とする有力な部族的国家だったと思われ、ヤマト王権の成立を先導し、強い発言権を持ってその中核を担っていったものと推測できます」

卑弥呼共立。その舞台裏には何があったのか

寺沢氏はヤマト王権成立に至る経緯の中で、特に北部九州の部族的国家であったイト国とナ国の動きに注目している。

イト国とナ国は当時、強い勢力を誇り、北部九州において漢帝国との外交窓口を担っていたのではないかという。そして、イト国とナ国が部族的国家連合となり、北部九州から四国南西部を巻き込んで、最終的にイト国を盟主とした「イト倭国」が成立したと考えている。

「2世紀初めに成立したイト倭国は、大国の後漢王朝を後ろ盾として、政治的な支配力と外交的な権威を確立していきました。しかし2世紀後半（弥生時代後期末）に後ろ盾である後漢王朝が衰退するとともに、次第にその権威と求心力を失っていきます。そこで各地の部族的国家が独自性を発揮して、新たな倭国の王を模索した可能性がありま す」

しかし、イト倭国に変わる、さらに強大な部族的国家連合をつくり上げることも難しく、イト倭国と列島は大きな混乱に陥る。寺沢氏は、この状態が『魏志』倭人伝にいう「倭国乱」の実態だったのではないかという。

図4 前方後円墳の主要な属性とその系譜

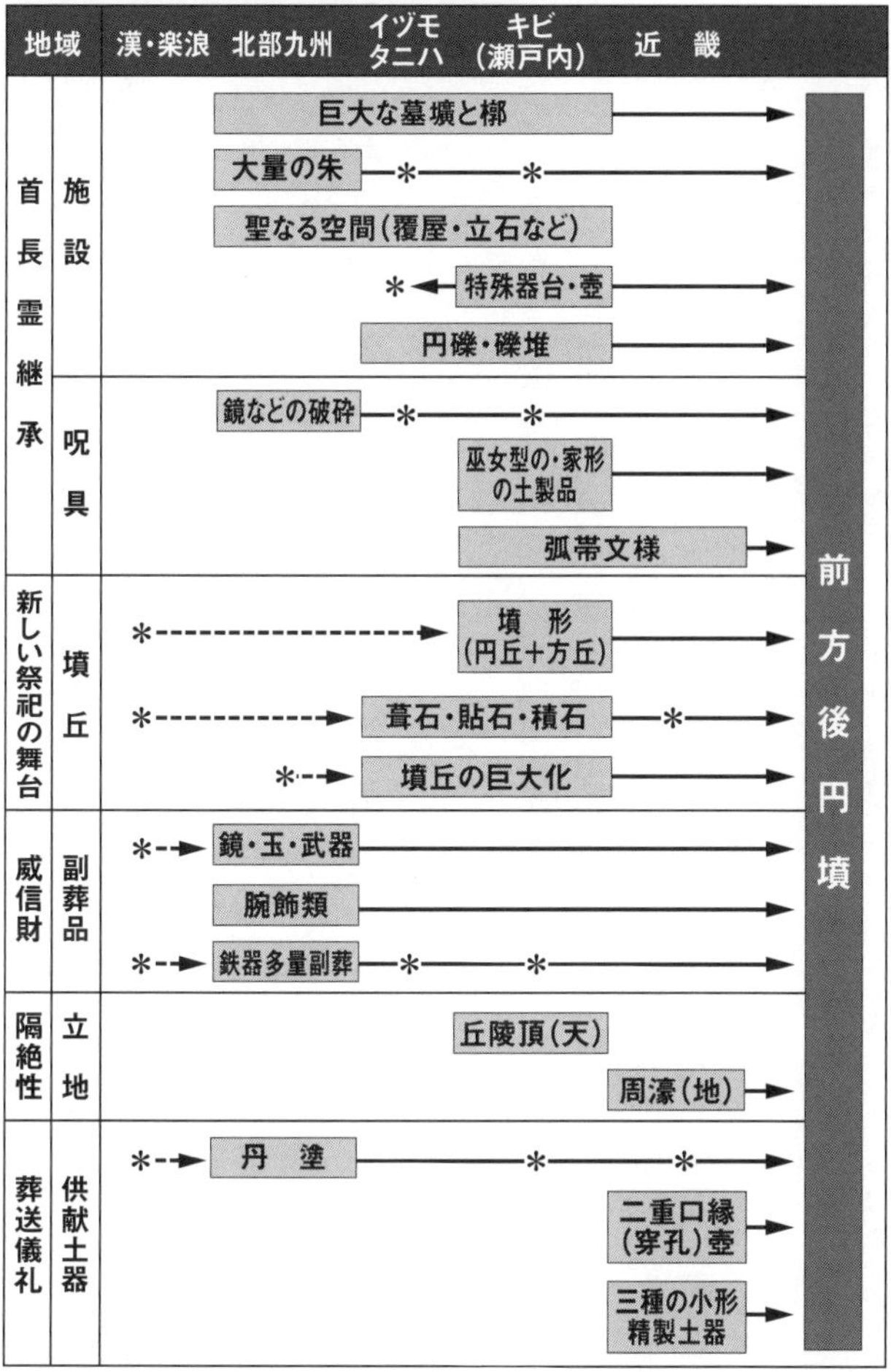

2世紀の終わりに北部九州、キビ、イヅモなどで行われていた墳墓や祭祀の要素が融合し、やがて前方後円墳へとつながっていく。

『後漢書』に記されたような大乱が起こったのではなく、有力な部族的国家同士が互いに牽制するなど、閉塞感に満ちた状況を指しているのではないかというのだ。この状況を打破するには、今までのやり方を刷新し、全く新たな国家の枠組みの整備が急務となった。

「そこで倭国の新たな体制を決定するための合議（会同《かいどう》）が行われたのではないでしょうか。イト倭国を中心とする勢力のほか、新たにキビ、ハリマ、サヌキ、イヨ、アハ（アワ）、それに日本海側のイヅモ、タニハなどの有力勢力の首長が会同し、倭国再編への気運の高まる中で、卑弥呼共立という画期的な政治的決断が下されたと考えられます」

そこにはもう1つ、大きな要因があった。外圧である。

ちょうどこの頃、後漢王朝の衰退に乗じて、遼東郡（現在の遼寧省東部）の太守であった公孫度《こうそんたく》が独立し、朝鮮半島へと勢力を広げていた。そして公孫度の子供である公孫康《こう》が楽浪郡の南に204年頃に帯方郡を設置した。その後、『魏志』韓伝に「倭韓遂に帯方属す」とあるように、倭国は公孫氏に臣属することになる。

当時、公孫氏は魏と呉を牽制するため、韓や倭を自陣営に引き入れることに躍起になっていたと思われ、倭国にも何かと圧力をかけてきた可能性が高い（図5参照）。

図5 王権誕生への道筋と政治状況

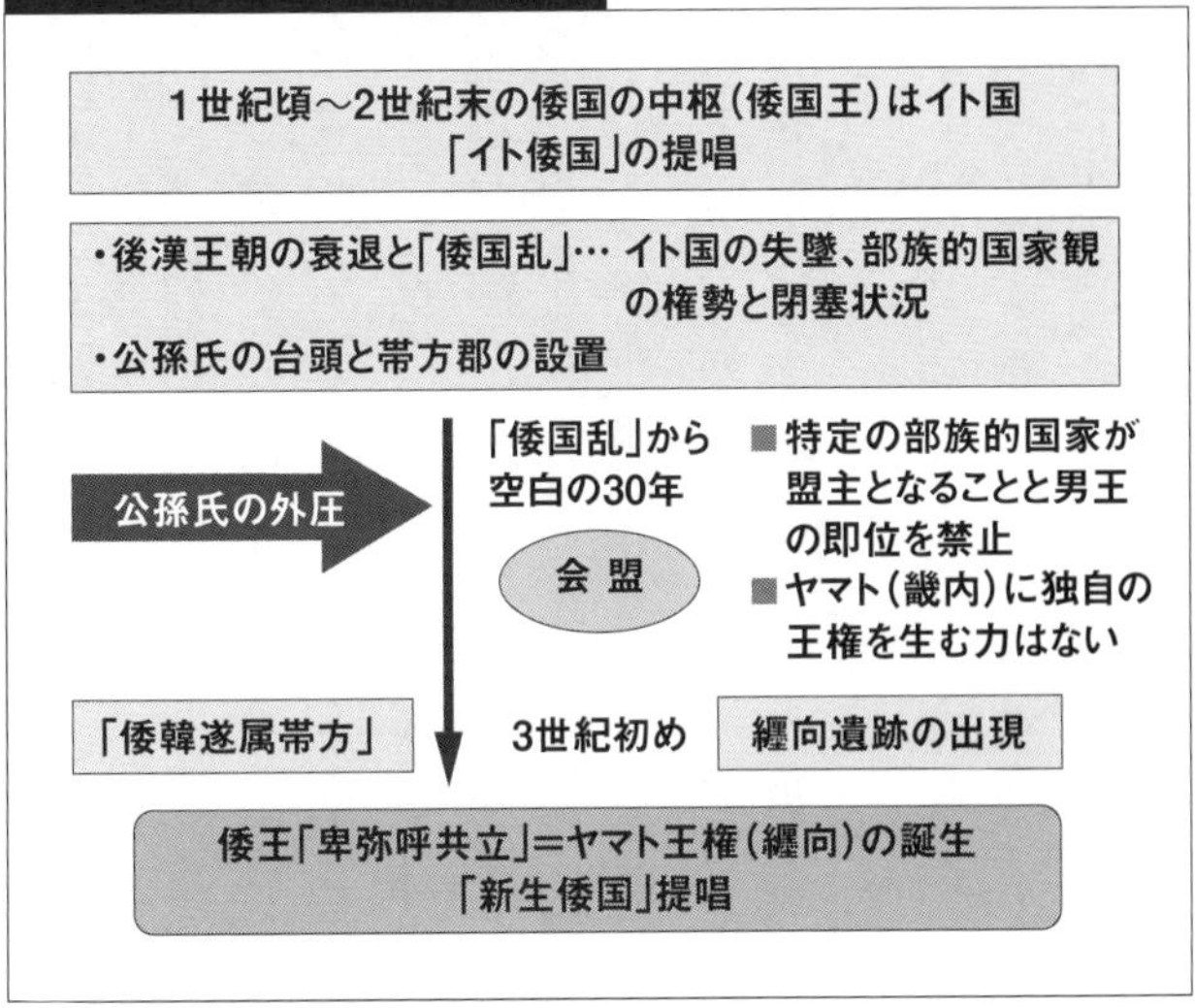
1世紀頃～2世紀末の倭国の中枢（倭国王）はイト国
「イト倭国」の提唱
・後漢王朝の衰退と「倭国乱」… イト国の失墜、部族的国家観の権勢と閉塞状況
・公孫氏の台頭と帯方郡の設置
公孫氏の外圧
「倭国乱」から空白の30年
会 盟
■特定の部族的国家が盟主となることと男王の即位を禁止
■ヤマト（畿内）に独自の王権を生む力はない
「倭韓遂属帯方」
3世紀初め
纒向遺跡の出現
倭王「卑弥呼共立」＝ヤマト王権（纒向）の誕生
「新生倭国」提唱

※図表はすべて『卑弥呼とヤマト王権』（中央公論新社）をもとに作成

「倭国側は早急に対策を考えねばならず、同時に倭国内の混乱を早期に解決したいという目論見があったと思います。これらの思惑が一致して、列島初の壮大な政治的談合、つまり『会同』が行われ、卑弥呼共立が実現したのでしょう。公孫氏の外圧はまさに、幕末の欧米列強のそれと同じですし、イト国やキビ、イヅモなどの当時の力ある部族的国家を明治維新の折の薩長などの雄藩に例えると当時の動きがわかりやすくなると思います」

「会同」から「会盟《かいめい》」へ。日本国の原点、ヤマト王権の始動は纒向にあり

こうして列島初の「会同」において、卑弥呼共立の決定が下され、ヤマト王権が誕生した。そして新たな倭国体制＝ヤマト王権を成立させるにあたっては、有力勢力の間で利害が対立しないよう、さまざまな決まり事が決定され、各地の首長間で契約が結ばれたのだろう。寺沢氏はそれを「会盟」と呼ぶ。

「会盟」では一体どのようなことが決められたのだろうか。

まず、第一に現状の倭国体制の存続は許さなかった。一部の部族的国家のみが発言権を持つのではなく、複数の主要な部族的国家による「合議制」を確立しようとした。

第二に、男王の即位を禁止した。祭祀的な女王としてトップに卑弥呼を奉るが、女王が夫を持って後継者をつくることを禁じた。後継者ができると結局、それが争いの種になるからだ。

第三に王国体制の樹立と盤石な基盤をつくるために、列島規模で列島を統合するのにふさわしい大王都をヤマト国内（纒向の地）に建設する。

第四に王国体制を維持するために、強力な軍事力を擁し、一方で祭祀的な要素を女王に担わせて倭国の紐帯《ちゅうたい》とする。

これらのことが合議され、会盟が達成された。それまで部族的国家連合の域を出なかったイト倭国から、実質的な「王国」という国家の段階に達したのだという。

「現在、『日本国』は、文献上は確かに7世紀末から8世紀初めの飛鳥で誕生したといえるかもしれません。しかし、その出発点は間違いなく3世紀の纒向遺跡にあったと思います。新生倭国＝ヤマト王権は内乱と外圧の時代を切り抜けるために、争いや制圧などの武力的解決ではなく、列島史上初めての遠大な政治的な駆け引き、つまり今でいう『談合』による日本型の危機管理システムが初めて作動したと私は考えます」

欧米から常々、「わかりにくい」と非難される日本人の「談合」や「根回し」は、まさに「和をもって尊しとなす」という7世紀以来の、我が国に根づく政治信条そのものではないかと寺沢氏はいう。その原点が3世紀に起こった卑弥呼共立にあるのだと……。

混乱と女王共立という高いハードルを超えて、最初の大王都・纒向の地に成立したヤマト王権はその後、律令国家への道を歩み、やがて「日本国」を宣言する。

それでは、初期ヤマト王権の大王都は、なぜ纒向の地に造営されたのだろうか。

「なんといっても地理的位置が重要だったはずです。纒向は河内湖岸の港から大和川を遡《さかのぼ》った奈良盆地の最奥に位置し、交通と防衛の両面から見て最適地といえます。西に睨《にら》みを利かせ、東へと王権を拡大するための拠点として重要な交通の要衝であったことに加えて、奈良盆地は安定した自然環境のもとで、高い農業生産力と経済力を持っていました。また、北部九州のような争乱もなく、強権的な部族的国家が現れなかったため、部族的国家としての統合もゆるやかな集合体だったと思われ、ゆえに新しい王権の都を設置しやすかったのでしょう。さらに想像をたくましくすれば、纏向の東南には三輪山があります。美しい円錐形で壮麗な姿を見せるこの山は、まさしく〝たたなづく青垣山《あおかきやま》〟の景色そのもので、いわゆる神奈備《かんなび》（古代信仰における神聖な場所）の山として王国の新たな祭祀の創出にうってつけだったのでしょう」

最後に、長く論争が続く邪馬台国とは何か？　を問うてみた。

「〝卑弥呼は邪馬台国の女王である〟というのが論争の大前提でしたが、『魏志』倭人伝全文を読むと、そのような記述は一切書かれていません。卑弥呼は〝倭あるいは倭国の女王〟であって、〝邪馬台国の女王〟ではないということなのです。邪馬台国とは、卑弥呼を女王とした新たな倭国大王都を建設した国名（場所）を示すにすぎません。邪馬台国の場所を云々《うんぬん》する段階はもう過ぎたのではないでしょうか。これからは女王卑弥呼の政体こそが新生倭国＝ヤマト王権であるということを認識した上で、その政治構造に迫る必要があると思います」

第3章

倭国乱と卑弥呼共立政権の誕生

「邪馬台」は「大和」を意味していた

「邪馬台国」の表記と読み方の論争

一般的に「邪馬台国」と表記されるが、『魏志』倭人伝の写本・版本はすべて「邪馬壹国」となっている（「壹」は「壱」の正字）。一方で『後漢書』東夷伝には「邪馬臺国」となっている（「臺」は「台」の正字）。『魏志』倭人伝が3世紀末の編纂なのに対して、『後漢書』は5世紀初頭の編纂で、『魏志』倭人伝の方が古い。しかし、『後漢書』は三国志の時代（220〜280年）の前の時代の後漢時代（25〜220年）についても記されている。そのため、『後漢書』には卑弥呼政権以前の倭国についても記録されている。こうしたことから、「ヤマタイ国」ではなく「ヤマイチ国（邪馬壹国）」とする説もあるが、確証があるわけではない。

『梁書《りょうしょ》』倭伝、『隋書《ずいしょ》』俀国《わこく》伝などそのほかの中国の歴史書には「邪馬臺国」とあり、現存する『魏志』倭人伝は12世紀以降の写本・刊本であることから、「邪馬壹国」は

「邪馬臺国」の誤写とするのが定説となっている。

ここでは読みやすいように以降は新字体の「台」で話を進める。「邪馬台国」を「ヤマタイ国」と読むようになったのは江戸時代からだ。中国では「台」に中央官庁や朝廷といった意味があるが、そのほかの国名や人物名を見る限り、あくまで音からの当て字と考えるのが自然だ。「台」は漢音ならば「タイ」、呉音ならば「ダイ」と読むため、これまで特に疑問に思われることなく、「ヤマタイ（ヤマダイ）国」と呼ばれてきた。

上代日本語では「ヤマト国」と読む

邪馬台国を「ヤマト国」と読み、奈良盆地の大和を意味するとする言説は、畿内説をとる研究者によってこれまでにも主張されてきた。これに対して、中国では「台」を「ト」と読むことはなく、もし「ヤマト国」ならば「都」や「土」などの別の字が用いられるはずとする反論がなされてきた。

武蔵大学人文学部教授の桃崎有一郎氏は、「邪馬臺国」を「ヤマト国」と読む根

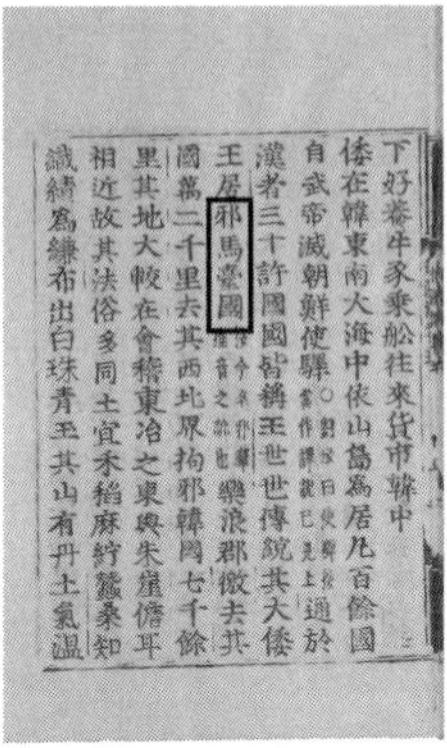

『後漢書』東夷伝
後漢の歴史を記した『後漢書』には、「邪馬臺（台）国」と記されている。

拠を示している。桃崎氏によると、5〜10世紀頃までの中国では、「台」は「タイ」「ダイ」に近い発音だったが、『魏志』倭人伝が記された3世紀に近い時代の発音は、「ダ」と「ドゥ」の中間の音だったという。

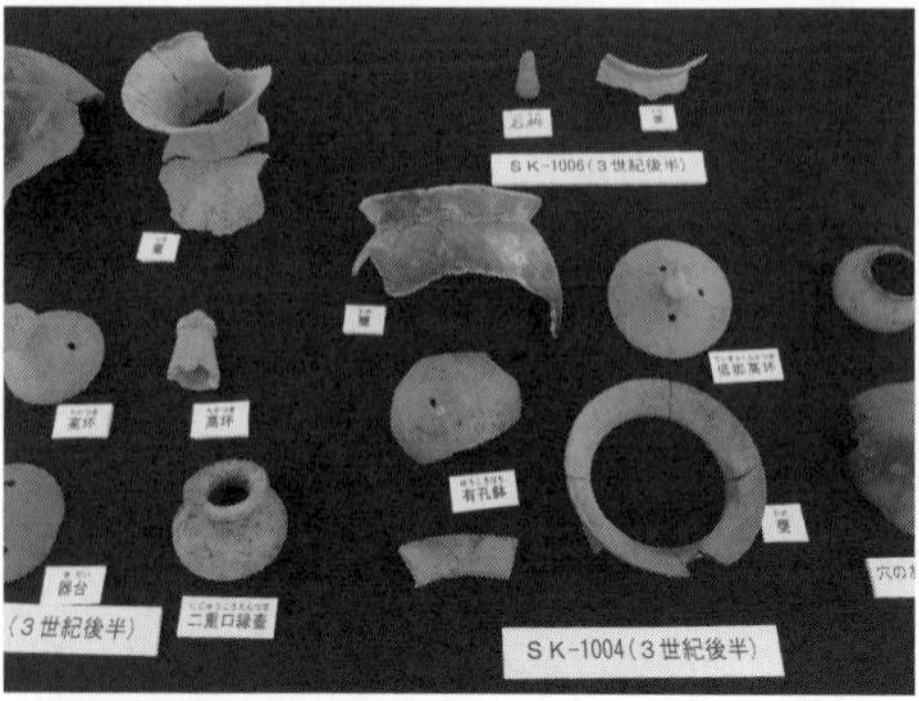

纒向遺跡から出土した土器　毎日新聞社 提供

卑弥呼政権の王都が置かれた纒向遺跡には、全国の土器類が多く出土しており、3世紀以降に日本の中心地だったことがわかっている。

「台」と発音が全く同じ字に「苔」がある。『日本書紀』をはじめとする日本の正史には、「台」を「ト」と読んでおり、例えば、「大和（ヤマト）」を「野馬台」「夜摩苔」などとも記した。

つまり、「邪馬台国」は「ヤマト国」と読めるのだ。では、文献史学の立場から九州説における邪馬台国の候補地である、旧地名の山門《やまと》（福岡県柳川市）を指すかというとこれも異なる。飛鳥時代から奈良時代にかけて使われた上代日本語には、五十音には甲類と乙類があり、使い分けられていた。同じ「ト」でも「台」は乙類、「門」は甲類の読みであ

中国王朝の正史における邪馬台国の記述

（太字は「邪馬臺国」とは異なる記述）

王朝年代	編纂年代	書名	記述
25〜220年	5世紀	『後漢書』東夷伝	邪馬臺國
220〜265年	3世紀	『魏志』倭人伝	邪馬**壹**國
502〜557年	7世紀前半	『梁書』倭伝	邪馬臺國
581〜618年	7世紀前半	『隋書』倭国伝	邪**靡堆**（※1）
439〜589年	7世紀中頃	『北史』倭国伝	邪**靡堆**（※1）
—（※2）	7世紀中頃	「魏略」逸文	邪馬**嘉**國

※1 ただし「魏志のいうところの邪馬臺」とある。
※2 唐の時代の類書（百科事典）である『翰苑（かんえん）』に収録

り、異なるという。つまり、「邪馬台国」は「ヤマト国」であり、同じ読みの地名は「大和」しかないことになる。

「ヤマト」は大和のみを意味するのではなく、日本全体を意味するという指摘もある。ただし、少なくとも『魏志』倭人伝における「邪馬台国（ヤマト国）」は特定の地域を示している。『魏志』倭人伝には、「邪馬台国」の表記は一度しか出てこず、「卑弥呼の居所がある地への道程を説明する際に「邪馬台国」が登場し、「女王の都」としている。つまり、邪馬台国は卑弥呼政権に服属する連合体全体を指す名ではなく、あくまで卑弥呼がいる地名（クニ名）に過ぎないのだ。古代の読み方に従えば、「邪馬台国」とは「ヤマト国」であり、奈良盆地を指すのである。

伊都国・奴国を超えるクニは北部九州になかった

伊都国の記述に見る九州説の矛盾

第1章では邪馬台国九州説について再検証し、北部九州を中心とした地方政権「倭国連合」と、畿内の「倭王権」が並立していた可能性を示した。この場合、いくつかの疑問が出てくる。畿内の王権に対して、北部九州は魏と独自の外交を展開し、倭国連合の王が「親魏倭王」の称号を得たことになる。これは畿内の王権に対して、決定的とまではいわないまでも敵対行為にあたる。ところが、卑弥呼政権があった3世紀はじめから中頃までの間に、畿内と北部九州との間に対立は見られず、むしろ協力的な関係性を築いていている。そして、九州で副葬品に用いられていた鏡が畿内に導入され、それまでの銅鐸祭祀が終焉を迎えている。

九州説をとれば、『魏志』倭人伝の記述と考古学的な見地にも矛盾が生ずる。2世紀の北部九州をリードしたのは、奴国と伊都国だった。『魏志』倭人伝ではこの伊都国についての記述が多くある。伊都国には代々王がいたが、女王国（卑弥呼政権）に服属しているとある。さらに、伊都国には一大率が置かれ、諸国を検察させて「刺史《しし》」のようだと記している。

当時の北部九州で、伊都国が服属するクニがあるとすれば、遺跡の集中度と遺物の質の高さから、博多湾地域の勢力となるが、ここには奴国があった。2世紀には北部九州の各遺跡の副葬品に格差が見られるようになり、伊都国と奴国を上回る遺跡群は見つかっていないため、邪馬台国の所在地は九州以外の地に求めなければならない。また中国における刺史とは、前漢時代から置かれた州の監察を行う地方官だった。

北部九州の中心地だった伊都国の王が眠る平原遺跡からは銅鏡40枚をはじめ、ガラス製勾玉やメノウ製管玉などの玉類、鉄刀などが発見されたが、この平原遺跡は卑弥呼政権よりも前の2世紀の遺跡である。

では吉野ヶ里遺跡をはじめとする筑紫平野の環濠集落ネットワークは何を意味するのか。筑紫平野は濃尾平野に匹敵する約1200平方キロの面積を誇り、現在も稲作が盛んなエリアである。ここから、外交と政治の伊都国、青銅器製作などの工業の奴国、農業生産の筑紫平野という北部九州連合の姿が見えてくる。本書では以降、邪馬台国畿内説をとって論を進める。

卑弥呼は邪馬台国の女王ではなかった

邪馬台国の首長は卑弥呼のほかにいた

卑弥呼を紹介する枕詞《まくらことば》としてよく使われるのが、「邪馬台国の女王」だ。卑弥呼は大和（邪馬台国）を治める王であり、倭国乱を経て、各地方勢力を服属させる盟主となったとするのが一般的な見方だろう。ところが、『魏志』倭人伝には、卑弥呼が「邪馬台国の女王」であるという記述は1つもない。

『魏志』倭人伝に登場する卑弥呼に関連するワードの記述数を見てみよう。「倭王」5ヶ所、「倭女王」3ヶ所、「女王」5ヶ所、「女王国」5ヶ所、「倭国」3ヶ所、「邪馬台国」1ヶ所である。このうち、「邪馬台国」と「女王」が同一の文脈で使われる部分はない。

卑弥呼が「邪馬台国の女王」とされるのは、邪馬台国が「女王の都とするところ」とあるからだ。しかし、これはあくまでも卑弥呼の宮殿の場所が邪馬台国にあることを示しているに過ぎない。つまり、卑弥呼は実効支配する国を持たない倭国王だった可能性がある。

『魏志』倭人伝には、各クニの紹介で、「長官は○○」「副官は△△」という形で紹介されており、例えば、奴国ならば長官に兕馬觚《しまこ》、副官に卑奴母離《ひなもり》が置かれた。これは邪馬台国でも例外ではなく、長官に伊支馬《いこま》、副官以下は、弥馬升《みます》、弥馬獲支《みまき》、奴佳鞮《なかと》が置かれた（以降、官名はカタカナ表記とする）。邪馬台国にはほかのクニと同様に長官がおり、このイコマが邪馬台国のトップということになる。

『魏志』倭人伝には、伊都国が「女王国に服属する」と書かれているが、「邪馬台国に服属する」とは書かれていない。両者は使い分けられており、卑弥呼を頂点に29のクニが服属しているわけではなく、あくまでも女王国＝卑弥呼政権に服属するという意味である。卑弥呼は29のクニの盟主であり、特定のクニ（邪馬台国）の女王ではなかったのである。本書では倭国乱後の共立王体制を「邪馬台国政権」ではなく「卑弥呼政権」としているのはこのためだ。

想像復元された卑弥呼
大阪府立弥生文化博物館提供
卑弥呼は邪馬台国＝奈良盆地にあったクニの王ではなく、29のクニグニを統率する倭国の王だった。

卑弥呼政権下の邪馬台国の統治者

大和盆地を分割統治した4人

卑弥呼が邪馬台国の女王ではなく、イコマという別の長官がいたことを前述した。この邪馬台国の4つの官について歴史学者の村井康彦氏は、奈良盆地の4つの地域にそれぞれ当てられるとする説を出している。

4つのうち3つの官名（イコマ、ミマス、ミマキ）は、初期ヤマト王権の大王名に共通点が見られる。記紀には神武天皇のような漢風諡号《しごう》と、カムヤマトイワレヒコという和風諡号の2種類の名称が記されている。イコマは12代垂仁天皇のイクメイリヒコイサチ、ミマスは5代孝昭《こうしょう》天皇のミマツヒコカエシネ、ミマキは10代崇神天皇のミマキイリヒコイニエに通じる。ここから3人の大王の御陵の地を当てると、イコマは奈良盆地北西部、ミマスは奈良盆地南西部、ミマキは奈良盆地東部になるという。ナカトに該当する天皇名はないが、「ナカト」＝「中処」とすれば、3地域に囲まれた中央部ということになる。

やや強引な説にも思えるが、奈良盆地の主要部を漏れなく網羅している点は注目に値する。イコマについては、現在も「生駒《いこま》」の地名が残っている。生駒は畿内の外港があった河内湾（当時あった内海）と大和川でつながっており、要衝だった地である。

ミマスの奈良西南部は葛城一帯で、この地域は初期ヤマト王権において、多くの后妃を出して権勢を誇った葛《かずら》城《き》氏の本拠地だ。ミマキのある奈良盆地の東部は、三輪山の西麓の天理市から桜井市にかけての地域で、このエリアには纒向遺跡をはじめ、最初期の前方後円墳が造営された。最後のナカトのエリアに唐古・鍵遺跡がある。

邪馬台国の四官

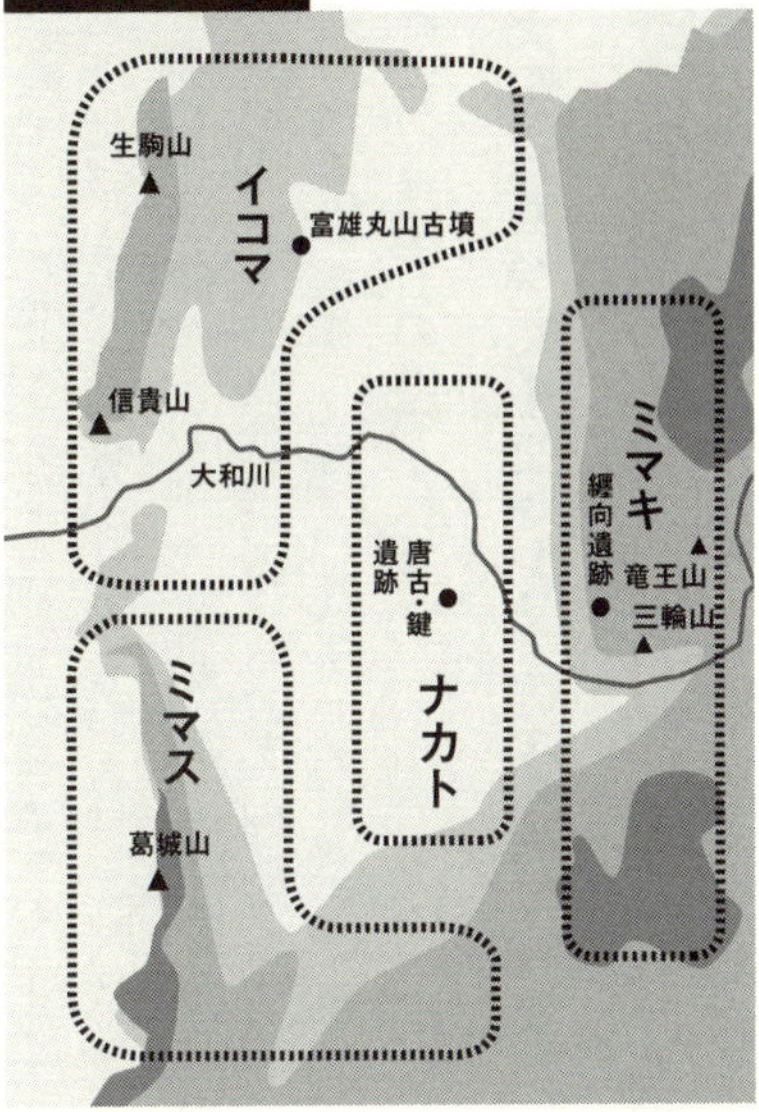

邪馬台国の官名と読みに共通点がある和風諡号の天皇の御陵の位置（『古事記』）から奈良盆地周辺の3地域が当てられ、「ナカト」はその中央の意味となる。

ほかのクニでは、長官と副官が1人ずつで権力の序列がシンプルだ。ところが邪馬台国には長官1人に副官が3人もいる。これは卑弥呼政権がある地という見方もできるが、卑弥呼政権誕生以前の大和の政治体制、社会状況を引き継いだものとも考えられる。

2世紀末まで奈良盆地では首長墓の成長が見られなかった。3人の副官に序列はなく並列の関係であり、突出したリーダーを持たずに複数の勢力が併存していた大和の政治体制と一致するのだ。

大和王だったイコマとその子孫

卑弥呼が邪馬台国の女王ならば、イコマは卑弥呼政権の執政官のトップということになり、本来ならば王都・纒向遺跡がある奈良盆地東部のミマスに長官が置かれるのが自然だ。ところが実際には奈良盆地の北西部のイコマに長官が置かれている。

現存する日本最古の歴史書『古事記』や最古の正史『日本書紀』（以下、記紀）には、九州を出発したイワレヒコが東へ進み、奈良盆地に入って初代天皇として神武が即位して王朝を打ち立てる「神武東征」の物語が記されているが、大阪に上陸したイワレヒコは生駒山の西麓でもともと大和の地を治めていたナガスネヒコと戦闘をして敗れた記述がある。このナガスネヒコの根拠地がイコマのエリアである。つまり、現代の日本に置き換えれば、東京都庁にあたるのがイコマ、国会議事堂にあたるのが纒向遺跡ということになる。

令和5年（2023）、国内最大の円墳である富雄丸山古墳（奈良県奈良市）で国内最大の蛇行剣《だこうけん》とこれまで出土例がない盾形の銅鏡が発見された。この盾形銅鏡もまた国内最大の銅鏡である。ところが大王墓にも見られない前代未聞の副葬品にもかかわらず、大王や王族の様式の前方後円墳ではなく、一段ランクが下がる円墳であることが謎を呼んでいる。この富雄丸山古墳があるのも生駒地方であり、ナガスネヒコの由来地である。

ここからは推測となるが、富雄丸山古墳の被葬者は、卑弥呼政権以前に大和を治めていたナガスネヒコのモデルとなった大和の王を祖先とし、その後、大和（邪馬台国）の長官になったイコマの後裔だったのではないだろうか。

富雄丸山古墳（奈良県奈良市）
日本最大の蛇行剣と盾形銅鏡が出土した富雄丸山古墳だが、墳形は前方後円墳から一段下がる円墳である。

3世紀にあった第一次倭国乱と第二次倭国乱

瀬戸内海で起きた「第一次倭国乱」

卑弥呼政権はどのように誕生したのか。その謎を探るために卑弥呼共立に先立つ「倭国乱」について見てみよう。『魏志』倭人伝では、倭国にはもともと男王がおり、その状態が70～80年間続いた。ところが「倭国乱」の状態となり何年も互いに攻め合ったので、紛争中のクニが合議をして1人の女子を王として共立したとある。『後漢書』東夷伝には、倭国王・帥升が永初元年（107）に後漢の6代安帝に朝貢したことが記されている。また『梁書』倭伝には、「倭国大乱」が光和年間（178～184年）に起きたことが記されている。帥升の朝貢と「倭国大乱」の間は71～77年で、『魏志』倭人伝の記述とほぼ一致する。『後漢書』東夷伝では、後漢の11代桓帝と12代霊帝の時代（146～189年）とより長くとっている。

第2章では小さなクニのまとまりが2世紀になると大きなブロック連合としてまとま

り、主に5つの勢力が誕生したことを記した。卑弥呼共立の背景には、この2世紀のブロック勢力の合従連衡がある。

北部九州では1世紀に奴国が、2世紀には伊都国が盟主となり安定化した。107年に安帝に朝貢した帥升は北部九州連合の盟主と考えられる。また日本海側では出雲が交易圏を確立していた。争乱の痕跡の1つの指標として、高地性集落の出現度がある。わざわざ不便な高地に居住区をつくることは敵からの攻撃に備える意味があるからだ。2世紀初頭には北部九州連合や出雲連合のエリアの高地性集落の出現度は低く、安定化したと考えられる。

これに対して、瀬戸内海の沿岸部のほぼ全域にわたって2世紀中頃から後半に高地性集落が出現する。また大規模集落が消滅して別の地域に移る例が見られる。争乱の激化によって、より安全な地に「遷都」が行われたのだろう。

一方、北部九州では2世紀後半に戦いの痕跡はほとんど見られず、北部九州と東部九州を結ぶ地域に狼煙《のろし》台を備えた高地性集落が出現している。これらは九州内の争乱によるものではなく、東からの軍事的な圧迫に備えた防御陣地と読み取れる。ここから2世紀中頃から後半に起きた瀬戸内海の争乱に対して、北部九州は防御を固めて静観していた様子がうかがえる。『後漢書』東夷伝における「倭国大乱（146～189年）」はこ

五斗長垣内遺跡（兵庫県淡路市）
淡路島の北部にある五斗長垣内遺跡からは、1～2世紀にかけて鉄器がつくられた工房跡が発見された。

れを示しているとも考えられる。

瀬戸内海中部と畿内を結びつけた淡路

この「第一次倭国乱」の結果、大和と吉備が結びついたのではないだろうか。この両者の間に位置するのが淡路島である。淡路島では1世紀から2世紀にかけて鉄器づくりが盛んに行われた。淡路島は氷上回廊の瀬戸内海側の出入り口である播磨の対岸にあり、淡路島北部には鉄器工房遺跡である五斗長垣内《ごっさかいと》遺跡がある。また淡路島は300万年前から200万年前には湖の底にあったために、埴輪や土器の原料となる良質な粘土が取れる。

記紀では、イザナキとイザナミという神々が日本列島を生み出すが、最初に生み出した島は本州や先進地域である九州ではなく淡路島である。これは瀬戸内海における物流の拠点であり、鉄や土器の製造の要である淡路島が、大和と吉備の両者を結びつける重要な地だったからとも考えられる。

いずれにしても、楯築墳丘墓に見られるような大規模な土木技術や埴輪製造技術を持つ吉備を中心とする瀬戸内海中部連合と、安定的な農業生産力を持った大和、そして鉄器生産と土器の原料が取れる淡路島などが一体となって巨大な勢力が誕生した。この瀬戸内海中部・畿内連合の主導権を握ったのは、より強力な首長がいた吉備だったと考えられる。

大陸の動乱が生んだ2大勢力の緊張関係

瀬戸内海での争乱に対して静観していた北部九州だったが、ここで国際情勢が大きく変わる事件が起きた。きっかけは181年に起きたニュージーランド北島のタウポ火山の大噴火である。噴出した火山灰や火山ガスは成層圏に達した。火山灰や火山ガスは地球規模で拡散し、北極圏のグリーンランドや南極の氷に痕跡が残っている。またこの噴火は木の年輪解析により春に起きたことがわかっている。このタウポ火山の噴火によって発生した異常気象は、田植えあるいは種蒔きを終えた農作物に大打撃を与えた。『後漢書』には181年から183年にかけて冷夏や雨季の遅れ、干魃《かんばつ》、寒波などの異常気

2世紀後半から3世紀前半の高地性集落

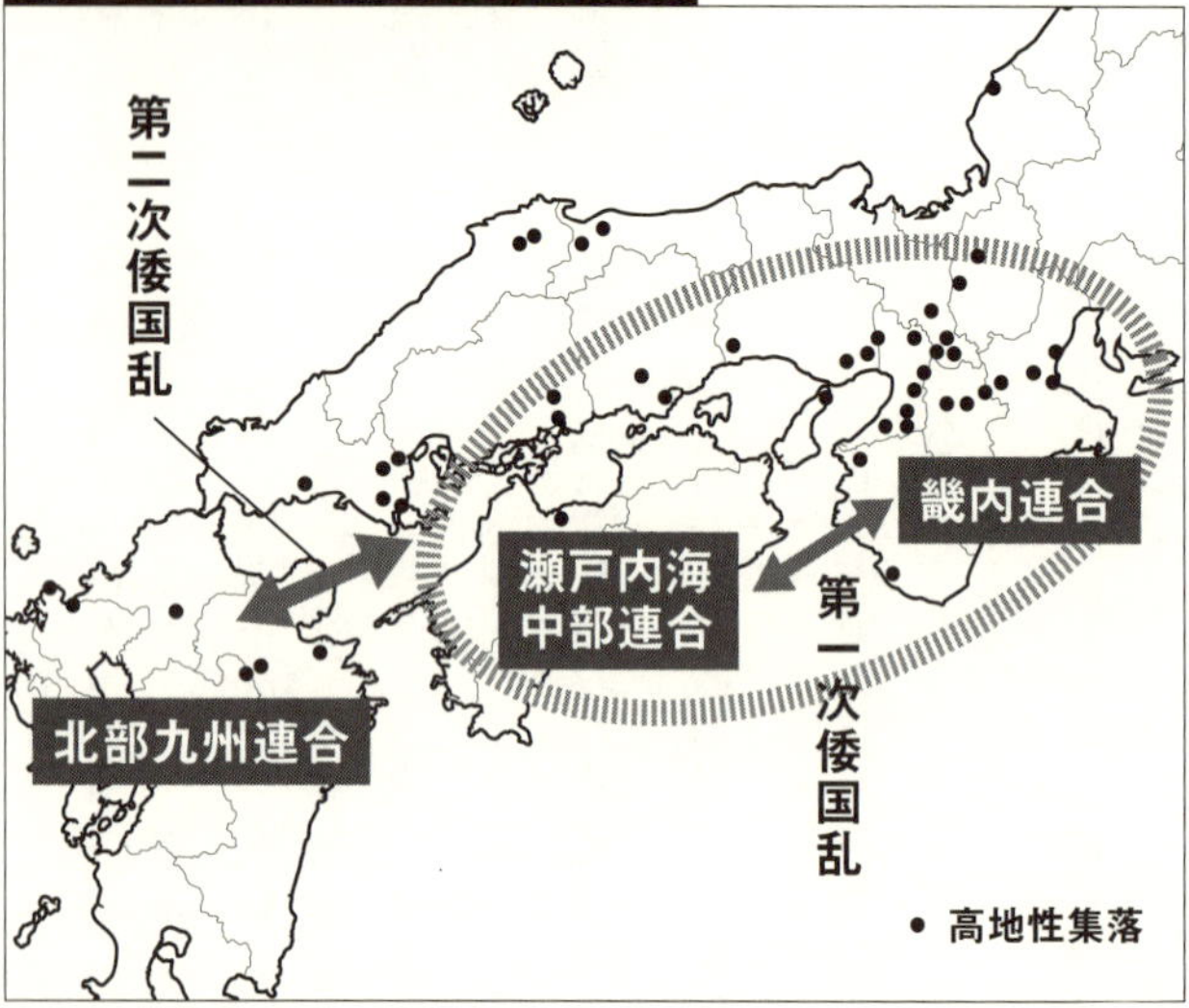

瀬戸内海中部連合と畿内連合とが争った「第一次倭国乱」後に、北部九州との勢力争いである「第二次倭国乱」が起こった。

象が続いたことが記録されている。これによって、中国では184年に黄巾《こうきん》の乱が発生し、後漢王朝は衰退し、その後の『三国志』の時代に突入する。

異常気象による食糧不足や社会的混乱から逃れるために、この時期に多くの難民が日本へ渡った。大陸の混乱は北部九州を直撃したのである。さらに後漢が衰退すると、北部九州連合は後ろ盾を失い、中国との交易におけるアドバンテージが失われることになった。北部九州の倭国王によって形成された物流システムに変化が生じたのだ。

中国における社会混乱によって、瀬戸内海中部・畿内連合は北部九州が独占していた交易の主導権を握ろうと軍事的圧力をかけたのではないか。2世紀後半に北部九州と東部九州の間に出現した東への防備のための高地性集落の出現はこのことを示している。これが「第二次倭国乱」である。

2世紀末には後漢の後ろ盾を失い、大陸の混乱が伝播した北部九州は、瀬戸内海中部・畿内連合と武力衝突することなく、最終的に瀬戸内海中部・畿内連合に加わり、卑弥呼政権が形成されていったと考えられる。卑弥呼政権が置かれた畿内では、3世紀前半に庄内式土器が製造された。北部九州の中心地である伊都国の遺跡からはこの庄内式土器が大量に出土していることからも、北部九州が新たに参加し、卑弥呼政権が樹立したと考えられる。

倭国乱は、『魏志』倭人伝で「相攻伐歴年」と書かれた、瀬戸内海中部連合と畿内との間の武力衝突（第一次倭国乱）と、その後の瀬戸内海中部・畿内連合と北部九州連合との間の戦争回避のための合議による卑弥呼の共立（第二次倭国乱）の二段階を経て、卑弥呼政権が誕生したのである。

倭国乱は鉄の交易をめぐる争乱だった

物流センターとして機能した弥生時代のクニ

二段階にわたる倭国乱の全体像について前述したが、そもそもなぜ瀬戸内海中部勢力と畿内勢力は争い、やがて北部九州連合をも巻き込む形へと発展していったのか。その原因は定かではないが、近年では鉄の交易をめぐる不均衡が原因だったとする説が多くある。

日本で本格的に製鉄が行われるようになったのは、5～6世紀にかけてであり、それまでは朝鮮半島で製鉄された鉄素材を輸入し、鉄器に加工していた。『魏志』東夷伝の弁辰《べんしん》条には、朝鮮半島南部の弁辰で生産された鉄素材を、隣国の韓や濊《わい》とともに倭（日本）が獲得していたとある。

2世紀中頃から3世紀にかけての鉄器の出土数を見ると地理的に有利な北部九州が突出して多く、次いで、出雲、タニハの日本海の二大交易国が続く。また越にもある程度

鉄戈　東京国立博物館 所蔵
福岡県春日市の須玖岡本遺跡から出土した弥生時代中期の鉄製の戈。北部九州には早くから鉄器が普及した。

出土数がある。これに対して、瀬戸内海側では氷上回廊でタニハとつながる播磨、吉備などに一定の出土数があるものの、それほど多くはない。

1世紀の奴国、2世紀の伊都国を中心とした北部九州連合は後漢王朝に朝貢し、交易を有利に進めていた。特に帥升の登場によって、鉄を中心とする物資の物流ルートは倭国王の掌握下に入ったものと考えられる。

倭国乱を経て行われた物流システムの再編成

弥生時代において、各地域勢力は自給自足の経済体制は持っておらず、石器の材料となる石材、青銅器、玉類、塩、水銀朱などの特産物の交易を行っていた。この物流ネットワークの要となったのが、出雲、タニハ、吉備、大和といった地域ブロックの中心地だった。各地域に青銅器文化圏が形成されるのはこのためだ。

こうした交易品に新たに加わったのが鉄だった。北部九州では紀元前1世紀頃には武器や農具に用いられ一般化した。これが2世紀になり、北部九州以外でも地域ブロックが拡大するようになると、開発に伴う鉄需要が増大するようになる。特に鉄の供給が少ない瀬戸内海エリアでは鉄不足は深刻だった。不足する鉄をめぐる争乱が、瀬戸内海中部連合と畿内の「第一次倭国乱」へとつながっていったと考えられる。

「第一次倭国乱」を経て、瀬戸内海中部・畿内連合が成立した中で起きたのが、184年の黄巾の乱であり、後漢の衰退によって北部九州は後ろ盾を失う。瀬戸内海中部・畿内連合は、北部九州が掌握していた物流ルートに干渉し（第二次倭国乱）、卑弥呼政権成立に結びついたのである。

このことは、その後の卑弥呼政権における物流ルートの管理体制からも読み取れる。卑弥呼政権では、出雲、タニハ、瀬戸内海中部、畿内などが独自に行っていた鉄や物資の入手を北部九州に一元化している。『魏志』倭人伝を見ると、伊都国には卑弥呼政権下で唯一、王の存在が記されている。その一方で、伊都国には北部九州のクニグニを監督する一大率が置かれた。また帯方郡（中国）からの使者は伊都国に一時的に駐留するとある。このことから、北部九州は一大率の管理下に置かれ、物流ルートと外交が一元化されていたことがわかる。

鉄器の出土量（2世紀後半から3世紀後半）

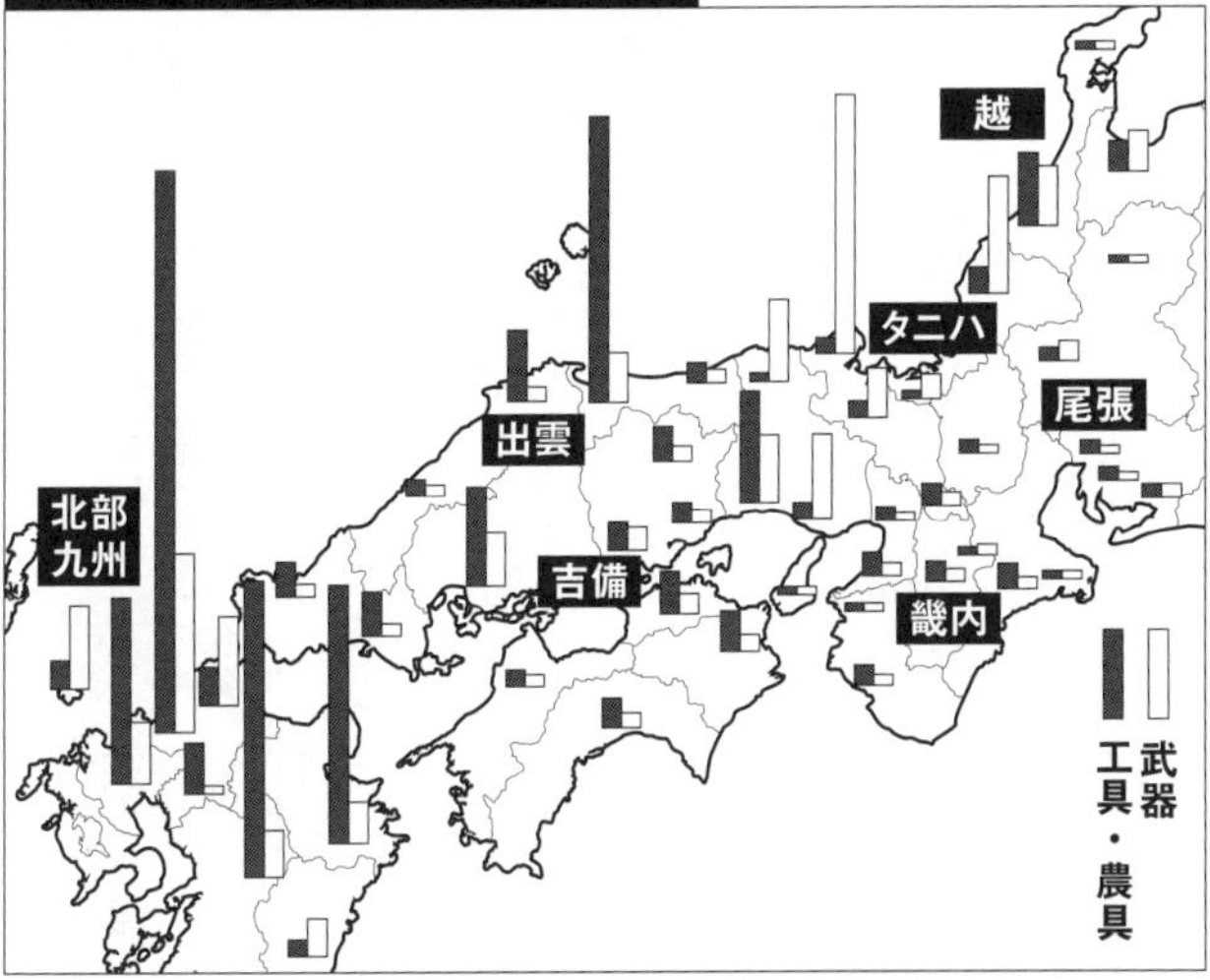

弥生時代を通して鉄器の出土量は北部九州や、メインの交易路である日本海側に集中している。一方、瀬戸内海側には鉄器の出土量が少ない。

『魏志』倭人伝には、一大率以外に諸国を監督する「大《だい》倭《わ》」と呼ばれる官吏が置かれていたことが記されている。卑弥呼政権は、クニの中で物資を交易する中心的な市場に大倭を派遣し、市場を監督させたという。

卑弥呼政権とは、鉄を中心とする物流システムの再編成のために生まれた政治体制と見ることもできるのだ。

廃都となった唐古・鍵遺跡と纒向の新都建設

埋められた奈良盆地の環濠

倭国乱を経て卑弥呼政権が成立したのは2世紀末から3世紀初頭と考えられる。この卑弥呼政権の政庁として整備されたと考えられるのが、2世紀末に突如として出現した纒向遺跡である。なぜすでに楯築墳丘墓という巨大首長墓を造営するほどの力を持っていた吉備や、先進地域であり外交にも便利な北部九州ではなく、畿内が王都に選ばれたのか。

その明確な答えは出ていないが、1つの要因として、奈良県が東日本から九州に至る範囲の中央に位置していたからと説明されることが多い。北部九州は先進地域である一方で、2世紀末の中国大陸の動乱期には大量の難民が押し寄せるなど、社会変化が激しいエリアだった。また吉備がある岡山平野は約230平方キロと狭く、降水量も少ないため農業生産力はそれほど高くなかった。奈良盆地は、山地に囲まれ大陸や周辺地域か

葛城山から見た奈良盆地

奈良盆地は約300平方キロと広くはないが、周囲が山地となっており、自然災害が少なく安定的に稲作が行える。

らの影響が少ない一方で、安定的な農業生産があることから、北部九州と吉備のウィークポイントをカバーする地だったということもあるだろう。

だが最も大きな要因は、奈良盆地がほかの勢力の中心地と異なり、強力な首長が存在しなかった点ではないだろうか。奈良盆地の面積は約３００平方キロとそれほど広くないが、約４００ヶ所もの弥生遺跡がある。これらのうち、長期的に維持され、土器や石器の出土数が多い拠点集落が11ヶ所ある。さらに唐古・鍵遺跡（奈良県田原本町）、平等坊・岩室遺跡（奈良県天理市）、坪井・大福遺跡（奈良県橿原市）の３つは多重環濠集落を形成している。

このことから、奈良盆地では４００のムラ

↓11の大共同体↓3つの大共同体群という変遷を経て、この状況が200年近く続き2世紀末を迎えた。奈良盆地では徐々に権力が収束していくものの、2世紀末の段階で王は1人ではなく、3つの主要勢力がいたことになる。

ところが奈良盆地では、倭国乱以降の2世紀末になると拠点集落の環濠が埋められてしまう。唐古・鍵遺跡ではその後も掘り直しが行われるものの、規模は格段に縮小することになる。奈良盆地の集落ネットワークは解体・再編成させられたのだ。

纒向建設に用いられた先進技術

これと同時期に行われたのが、新都である纒向の建設である。纒向遺跡は2世紀の奈良盆地の中心的集落だった唐古・鍵遺跡からわずか5キロほどしか離れていない。新たな共立王の居所として、それまでの大和の3勢力の拠点とは異なる王都が新たに建設されたのである。

吉備には楯築墳丘墓に見られるような強力な首長がおり、北部九州にもすでに十分な機能を持った王都が存在していた。これに対して、奈良盆地は3勢力が鼎立しており、権力の一極集中的なエリアがなかった。このことが新王都建設において都合がよかったとも考えられる。

纒向遺跡の発掘調査　朝日新聞社 提供
平成27年（2015）の発掘調査によって、3世紀後半の建物跡の奥から3世紀前半に埋没した溝が発見された。

纒向遺跡は南北約1・5キロ、東西約2キロで、面積は300万平方メートルにも及ぶ前代未聞の規模を誇る大集落である。遺跡全体に水路が巡らされ、巨大な建造物群も発見されている。また住居は当時一般的な竪穴式住居がほとんどなく、掘立柱建物が多い。鍬といった農工具の出土も少ない。ここから纒向遺跡が政治や祭祀を行う計画都市であったことがうかがえる。このような大規模かつ先進的な王都を、後進地域だった畿内勢力のみで造営することは難しい。楯築墳丘墓や円形周溝墓の造営を行っていた吉備や讃岐における大規模な土木技術、北部九州が持つ大陸からもたらされた最先端の知識などが纒向の造営に活用されたと考えられる。

古代の建築様式の原型になった纒向遺跡の先進性

出雲大社の建築様式の特徴を持つ王宮

纒向に建設された新王都は、それまでの日本列島には見られない先進的なものだった。その最たるものが、東西方向に軸線と方位をそろえて立つ3棟の掘立柱建物である。軸線から少しずれた小型の建築物（仮屋か井戸と考えられる）と合わせて、それぞれ西からA・B・C・Dの記号が付けられ、このうちの建物Dは、南北約19・2メートル、東西約12・4メートルにも及ぶ当時最大級の建築物である。軸線と方位をそろえた巨大建築物群は、6世紀の飛鳥時代の都まで例がなく、纒向遺跡が古墳時代を通して、最初にして最先端な建築物群ともいえる。

3棟の建築物の軸線は正確には、真東と真西を結ぶ軸線から5～6度ほど傾いている。これはちょうど春分と秋分の日の出の方角にあたる。纒向遺跡は太陽を強く意識して建設されており、北部九州の日神信仰との関連性も指摘されている。

神魂神社《かもす》（島根県松江市）
約500年前に造営された、現存する最古の大社造りの本殿が残っている。大社造りと纒向の巨大建築物には共通点が見られる。

纒向遺跡の復元イメージを作成した日本建築史学者の黒田龍二氏は、纒向の建築物群に最古の神社建築様式と共通点が見られることを指摘している。最大の建物である建物Dの正面の柱間数（柱と柱の間の数）は偶数となっている。柱間数が偶数だと、正面中央に柱が来てしまうので、正面中央に出入り口を設けるために王宮や寺社の建築物は、正面の柱間数は奇数が通常だ。この特徴と一致するのが出雲大社（島根県出雲市）の本殿であり、建物Dと同様に柱間数が偶数となっている。この出雲大社の建築様式は大社造りと呼ばれる。

『古事記』では、成長しても言葉を話さなかった皇子に悩む11代垂仁天皇が占わせたところ、出雲大神の祟りであることが判明した。そこで、皇子を出雲に派遣して出雲大神に祈ったところ治癒したことから、天皇の御殿に似せて出雲大社を造ったというエピソードがある。

王宮の正面にあった神々を祀る宝庫

この建物Dの目の前には建物Cがある。大きさは南北約8メートル、東西約5・3メートルと推定され、正面の柱間数は奇数となっている。考古学的に最初のヤマト王権の大王は10代崇神天皇とされることが多いが、『日本書紀』には崇神天皇がアマテラスとヤマトノオオクニタマを宮中で祀っていた記述がある。建物Cは古代の倉庫の建築様式となっていることから、神々の御神体を祀る宝庫だったと考えられる。

　アマテラス（八咫鏡）はのちに宮中か

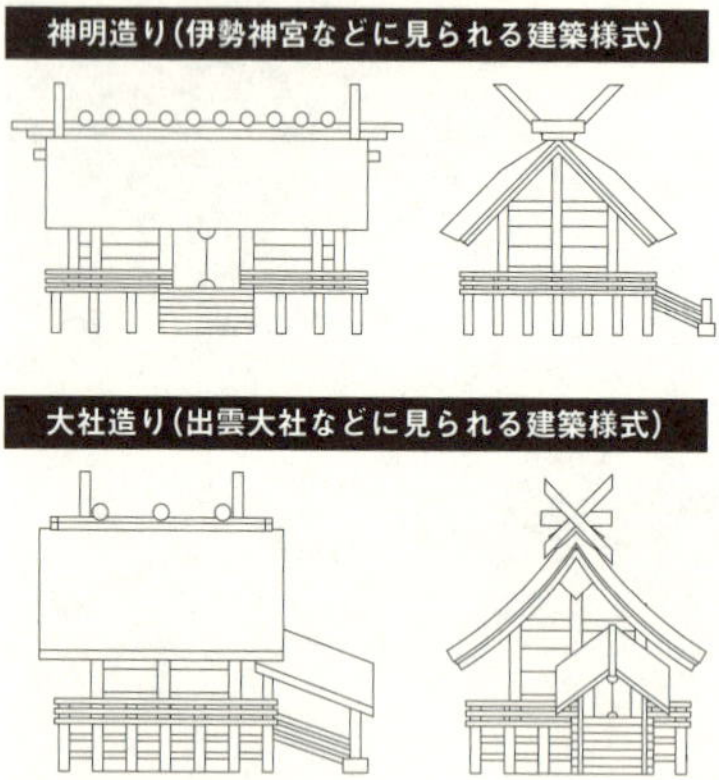

神明造りと大社造り
倉庫（宝庫）を起源とする神明造りの柱間数は奇数、住居（宮殿）を起源とする大社造りの柱間数は偶数となっている。

纏向遺跡の建築物群

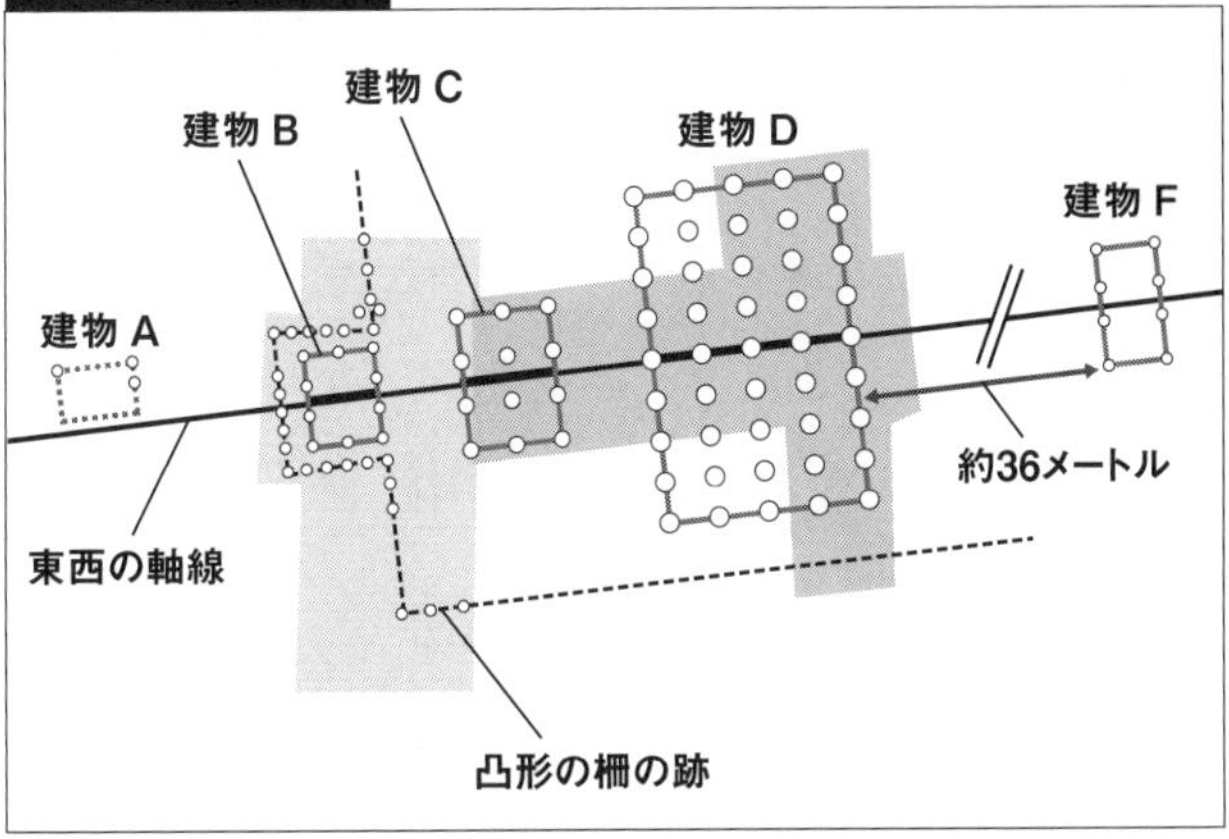

東西の軸線を中心線として、4棟の建物が並ぶ。方位と軸線を持った計画的な建築物群は飛鳥時代の建築物を髣髴とさせる。

ら各地を経て伊勢の地に祀られ、これが伊勢神宮（奈良県伊勢市）の起源とされる。そしてこの建物Cの宝庫が、現在の伊勢神宮の建築様式である神明《しんめい》造りへとつながると考えられる。大社造りと神明造りはいずれも最古の建築様式とされる。

平成26年（２０１４）には、この４棟の建築物群の東側の延長線上に新たな建築物（建物Ｆ）が見つかっている。発見された建物は東西約３・６メートル、南北約６・８メートルと小規模だが、建物は大型建築物の高背部にあった。正面には４本の掘立柱があるが、柱の間隔が北側から約２・４メートル、約２メートル、約２・４メートルとなっており、中央の柱間だけが狭く設定された特殊な構造を持っていた。黒田氏は、この小型建築物の配置と形態には伊勢神宮の御饌殿《みけでん》（神の食事を備える殿舎）との共通性が見られるとして、大王の食事を調理する施設だったと推測している。

さらに纒向遺跡では、木製の樋《とい》を用いた導水施設が祭祀遺跡とともに発見されており、水を用いた「みそぎ」の場がつくられていたこともわかった。纒向遺跡ではじめられる祭祀形態は、その後、歴代の大王・天皇に引き継がれていくことになるが、出雲大社と伊勢神宮の建築の原型がすでに生まれていた可能性がある。纒向の王都はその後の建築のフォーマットとなったのである。

卑弥呼の居所の特徴である城柵跡か

纒向遺跡の建築物群の中で、建物Bは南北約5・2メートル、東西約4・8メートルと小型だが、纒向が卑弥呼の居所であることを後押しする重要な遺構が発見されている。この建築物は柵か塀で凸形に取り囲まれていることがわかり、建築物は楼観だったと考えられている。『魏志』倭人伝には卑弥呼の居所の設備として、「宮室、楼觀、城柵を厳かに設け」とある。これまで「城柵」とはすなわち弥生時代の多くの集落に見られる濠と柵がセットになった環濠集落を指すとされてきた。しかし、城柵と楼観を宮室の

伊勢神宮 内宮(三重県伊勢市)　神宮司庁 提供
アマテラスが宿る八咫鏡を祀る伊勢神宮は、古代の倉庫（宝庫）を起源とする神明造りとなっている。

付属施設と考えれば、吉野ヶ里遺跡で復元されたような巨大な楼観や環濠である必要はない。過去の範囲確認調査ではまだ検出されていないが、宮殿である建物Dの東にある建物Fからさらに東に50メートルの位置には古代の官道・上ツ道とされる道路がある。ここから推定される居館の範囲は、主要な建築物がある内郭が南北約26メートル、東西約100メートル、その周りを囲む外角は南北約100メートル、東西約150メートルと想定され、今後、建築物群を取り囲む遺構が発見される可能性がある。

遺物から見る卑弥呼の都の姿

全国からヒトとモノが集まる王都

土器にはそれぞれの地域ごとの特徴があるが、纏向遺跡では全国各地の土器が出土している。こうした土器を外来系土器と呼ぶ。外来系土器には2種類あり、1つは実際にその地方で製造され纏向にもたらされたもので、交易などを示す。もう1つは文様や形態を模して纏向周辺の土を用いて畿内で製造されたもので、これは地方の人々の流入を示すものである。纏向遺跡で出土する外来系土器は、15%（エリアによっては30%）と多く、畿内から北部九州、日本海側では北陸から山陰、東方では東海から関東まで、2世紀にあった五大勢力をもれなく網羅しており、3世紀にヒトとモノが集中した日本の中心地だったことは明らかだ。

纏向遺跡では大型建築物群とともに約2700個の桃の種が出土した。桃は中国では不老長寿の食べ物とされ、中国では宮殿に桃園を備えるのはベーシックな仕様とされた。纒向の設計者は中国の王宮にも通じる人物だったと考えられる。また、同時期の遺跡では例がない、まとまった量のベニバナ花粉が発見されている。花粉の量からベニバナを栽培する畑が作られていたと考えられている。ベニバナ以外にもバジル類（メボウキ属）も発見されている。2つとも西アジアの原産種であり、シルクロード経由で纒向にもたらされたものと考えられる。3世紀の段階で、纒向はグローバル性を持った王都だったのである。

纒向遺跡の特殊性で際立つのが、農業に関する遺物の少なさだ。鍬《くわ》と鋤《すき》との出土比率は1対9で、圧倒的に鋤が多く、このような傾向はほかの集落には見られない。鍬は田畑を耕すために用いられるが、鋤、すなわちスコップは土を掘るものであり土木工事に用いられる。3世紀になると、奈良盆地でも首長墓が造営されるようになり、やがて巨大な前方後円墳に発展する。また纒向遺跡からは、全長3キロメートル近くにもなる護岸された大溝が発見され、纒向周辺の古墳をつなぐようにめぐらされていたことがわかっている。

花粉分析でもイネ属花粉の検出は集落内の限られたエリアに限られる。纒向遺跡は卑弥呼政権の「マツリゴト」の中心地であり、卑弥呼が「王の上に立つ王」であるように、纒向も「クニの上に立つ王都」としての性格を持っていたことがわかる。

卑弥呼政権を主導したのは畿内勢力ではなかった

瀬戸内海東部から東海にまで広がる銅鐸

卑弥呼政権の王都が奈良盆地に置かれたことから、卑弥呼政権を主導したのは畿内の勢力だったとするのが一般的だ。その理由の1つが、畿内が銅鐸による祭祀文化圏を持つ巨大勢力だった点だ。

2世紀頃の各地の祭祀文化を見ると、北部九州から四国西部までの範囲を銅剣・銅矛・銅戈、四国東部から畿内・タニハ・東海地方までを銅鐸を用いた青銅器祭祀が行われていた。一方、吉備・讃岐を中心とした瀬戸内海中部連合のエリアでは円形周溝墓や双方中円墳、出雲連合のエリアでは四隅突出型墓で祭祀が行われた。もっとも出雲では、銅剣・銅矛と銅鐸の両方が出土し、両者と中立的な立場だったことがうかがえる。

銅鐸には、もともと舌《ぜつ》と呼ばれる振り子が内部にあり、振ることで音を鳴らす釣り鐘だった。1世紀頃までは数十センチ程度の大きさだったが、2世紀に入ると巨大化し、

1メートルを超えるものも製造された。これは祭具として用いられる過程で、「聞く銅鐸」から「見る銅鐸」へと変化したと考えられている。銅鐸は主に畿内を中心に広がり、農耕にまつわる祭具として発展していったと考えられている。

畿内の銅鐸が各地に広がったことは畿内が物流センターの機能を果たしていたからだと考えられる。氷上回廊からもたらされる鉄を中心とする物資は、瀬戸内海側の播磨・淡路島から西は吉備に、東は畿内にもたらされた。この畿内を中心に物資が各地に運ばれた。こうした銅鐸文化圏は同一の物流ネットワークを持ったゆるやかな経済協力グループだったと考えられる。「聞く

袈裟襷文銅鐸と銅剣

京都国立博物館 所蔵

北部九州を中心とした勢力圏では銅剣や銅戈が製造されたのに対して、畿内を中心に銅鐸が製造された。銅鐸は「聞く銅鐸」から「見る銅鐸」となり巨大化した。

銅鐸」である小型の銅鐸は畿内から淡路島、四国東部へと広がりを見せた。これは北部九州や瀬戸内海の勢力に対抗する連合を企図したものとも読み取れる。

東海連合による新たな物流ネットワーク

その後、銅鐸文化は各地で展開されるようになり、10系統以上の「聞く銅鐸」がつくられた。2世紀になり大型で装飾が施された「見る銅鐸」である近畿式銅鐸が登場し、各地で大型化が進む。「見る銅鐸」は5系統に統合され、最終的に近畿式銅鐸と三河・遠江（愛知県東部）で多く出土する三遠式銅鐸の2つに集約した。「見る銅鐸」という新たなシンボルがつくられたことは、物流ネットワークがより強固な結びつきを持ったことがうかがえる。

東海連合が独自の三遠式銅鐸の文化圏を持ったということは、それまで畿内を中心とした物流ネットワークに対して、東海地方を中心としたもう1つの物流ネットワークが形成したと推測できる。東海地方は2世紀に入ると東国へと進出し、特に関東での開発が進められる中で鉄の需要が高まった。濃尾平野を中心とする東海連合は、鉄の確保のために畿内を介さない新たな物流ネットワークを構築したのではないか。

三遠式銅鐸は、東海地方から甲信地方に分布し、さらに近江、タニハにまで広がっ

近畿式銅鐸と三遠式銅鐸の分布

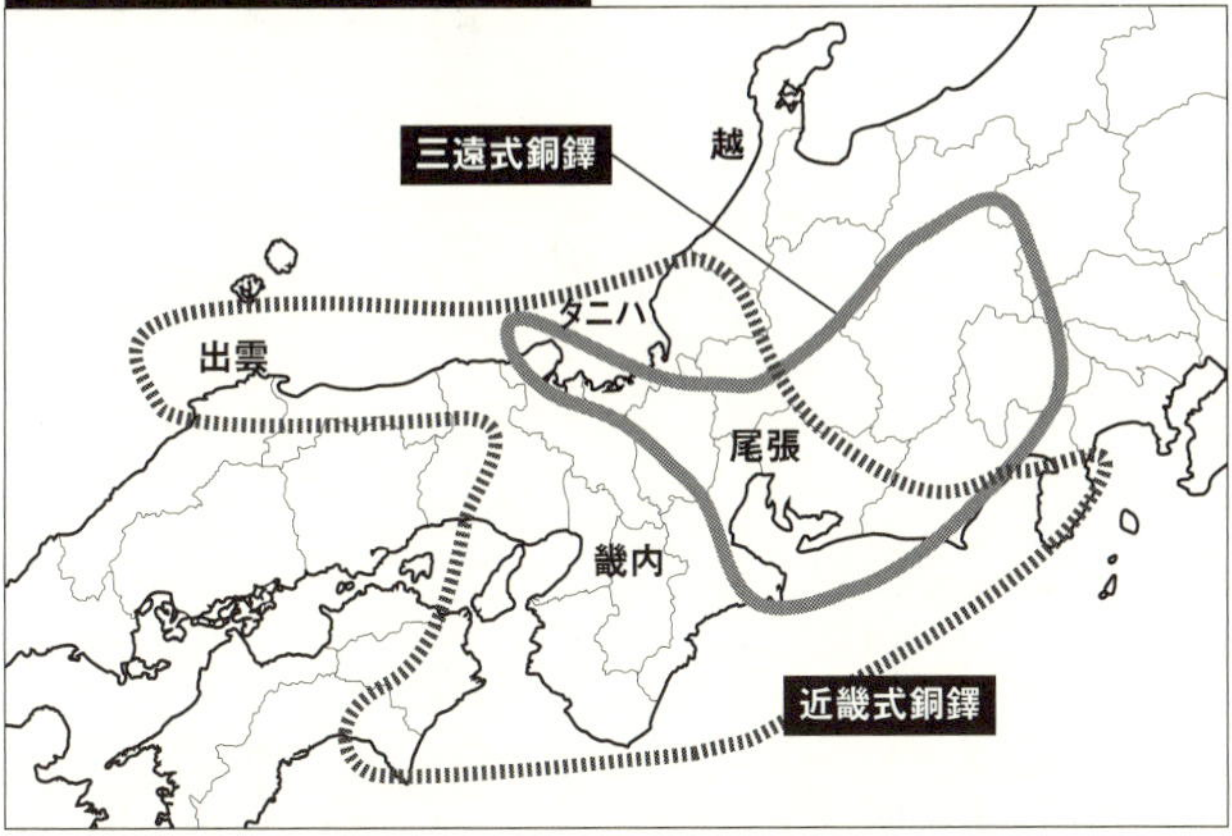

銅鐸は東海地方から出雲の勢力圏である日本海沿岸部、四国東部などに分布し、やがて近畿式銅鐸と三遠式銅鐸に統合した。

た。三遠式銅鐸の分布範囲から、畿内経由の従来の物流ラインに対して、東海連合は近江を経由して直接タニハへと通じる物流ラインを構築したのだろう。

近畿式銅鐸が出土した淡路島の銅鐸と出雲で出土した銅鐸が同一の鋳型で製造された兄弟銅鐸だったことがわかっている。つまり、氷上回廊を介して日本海側と畿内を結ぶ物流ラインも機能していた。タニハは、畿内と東海連合の両者と交易を行っていたことになる。2世紀の東海地方ではパレス・スタイル式土器が製造されるようになり独自色を強めていったことからも、畿内の物流ネットワークから脱却したと考えられる。

独自の三遠式銅鐸による物流ネットワ

ークを持った東海連合に対して、畿内は懐柔に出たようだ。「聞く銅鐸」は畿内で製造され各地に運ばれたのに対して、近畿式銅鐸では製造技術者が各地の拠点集落に派遣された。近江や尾張では鋳型が発見されており、畿内が独占していた青銅器製造技術を東海連合に開放したと考えられる。畿内が東海勢力との連合を目指していたことがうかがえる。

畿内勢力のシンボル・銅鐸文化の否定

「第一次倭国乱」があった2世紀後半には三遠式銅鐸は近畿式銅鐸に吸収され消滅する。このことは畿内と東海勢力が一時的に手を結んだとも考えられる。しかし、「第二次倭国乱」を経て卑弥呼政権が共立すると、銅鐸祭祀は突如として消滅する。もし卑弥呼政権が畿内勢力を中心とした政権だったならば、畿内勢力のアイデンティティともいえる銅鐸が、その後の古墳祭祀にも取り入れられるのが自然だ。

現在、銅鐸は約500の出土例があるが、近畿式銅鐸にのみ破片で発見されることがある。滋賀県野洲市で出土した近畿式銅鐸からは表面に施された渦巻き模様や飾り耳が意図的に裁断された痕跡が見られ、銅鐸祭祀を否定する行為が行われたことが推測される。また畿内から伊勢へとつながる出入り口に位置する脇本遺跡（奈良県桜井市）からは、銅鐸を破壊して別の青銅器につくり替えるリサイクル工房が置かれた。このリサイクル工房が機能したのは10～20年ほどで、銅鐸は短期間で姿を消すことになった。

これらの状況から推測できるのは、一時的に手を結んだ畿内勢力と東海連合だったが「第一次倭国乱」を経て畿内勢力が吉備を中心とする瀬戸内海中部連合に屈服した可能性だ。ともに氷上回廊を通じての物流ネットワークを持つ両者は「第一次倭国乱」を経て、畿内は吉備主導の連合に組み込まれたのだろう。やがて「第二次倭国乱」を経て、北部九州がこの連合に加わり卑弥呼政権が共立されると、畿内が東海連合と共有していた銅鐸祭祀は否定され、徹底的に破壊されたと考えられる。

脇本遺跡（奈良県桜井市）
共同通信社 提供
伊勢地方へとつながる要衝にある脇本遺跡からは銅鐸をほかの青銅器にリサイクルする工房跡が発見された。

瀬戸内海中部連合によって纒向で前方後円墳が誕生した

地霊・穀物霊信仰から首長霊信仰へ

纒向に新王都が建造された際に、それまで畿内勢力が用いてきた銅鐸に代わって、卑弥呼政権の新たなシンボルとなったのが前方後円形の首長墓だった。2世紀までの奈良盆地の首長墓は主に小型の方形周溝墓だった。これに対して、出雲・越、吉備、タニハなどの主要勢力では、2世紀後半になると巨大な墳丘墓が造営されるようになった。銅鐸の祭祀と巨大墳丘墓での祭祀では性質が異なる。

3世紀には失われた銅鐸祭祀がどのようなものだったのかについては諸説あるが、銅鐸が首長墓や生活区域から出土することは稀で、ほとんどが集落から離れた丘陵部の斜面に埋納されている。銅鐸は特に稲作を基盤とする共同体を守護する祭具ともいわれる。銅鐸の埋納方法は、銅鐸が登場した最初期の「聞く銅鐸」から最終段階の「見る銅鐸」まで一貫しており、銅鐸よりもわずかに大きな穴を掘り、鰭《ひれ》（銅鐸の両側にある薄

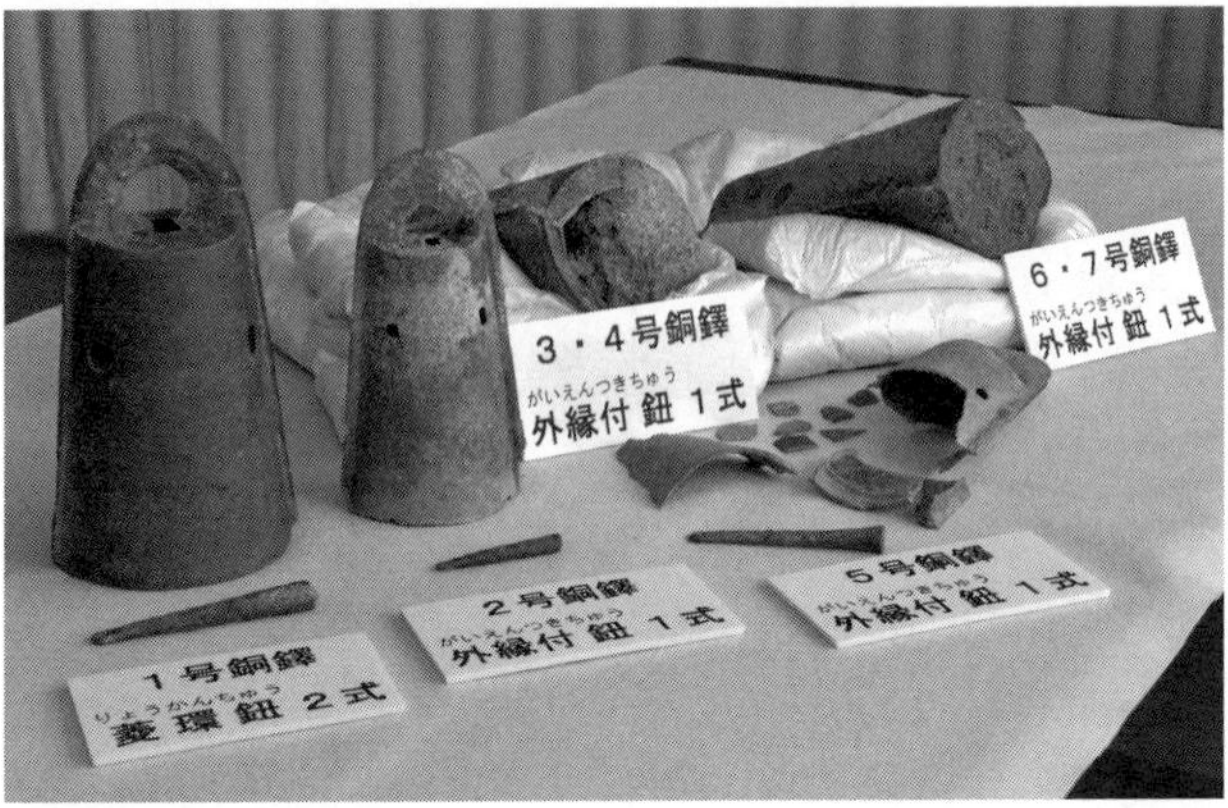

淡路島で出土した銅鐸

毎日新聞社 提供

平成27年（2015）に淡路島から出土したもの。銅鐸は集落などの生活エリアの遺跡で発見されることは稀で、意図的に埋納されたと考えられている。

い装飾部分）を立てた状態で横たえて埋められる。人間に例えるならば横向き寝の状態である。銅鐸は、大地に埋納することから地霊や穀物霊に関わる祭祀が行われたと考えられる。

一方、巨大化した墳丘墓では、墳丘上に柱を建て覆屋《おおいや》などが設けられた。これは地霊や穀物霊といった自然界の神々ではなく、首長霊の祭祀が行われたと考えられる。強力なリーダーが死後にその共同体の守護神となるとする信仰である。あるいは、前代の首長から次代の首長への権力継承のための首長霊継承儀式が行われたとする説もある。巨大な墳丘墓の形式は連続性があり、後裔の首長墓に引き継がれた。

吉備などの首長墓と共通点がある前方後円形

前述したように奈良盆地では纒向の建設とともに、銅鐸祭祀が廃止された。これに代わって登場したのが、前方後円形の墳丘墓である。前方後円形は、もともと円形周溝墓が発展したものともいわれる。円形周溝墓は円周に濠を設け、その土砂を中央に盛ったもので、周溝を備えた円形の墳丘ができあがることになる。このままでは墳丘への遺体の埋納や墳丘上で首長霊祭祀が行えないため、周溝の一部は土砂を残し陸橋にした。この陸橋部分が発展し、円形と方形を組み合わせた独特の形状となったと考えられる。陸橋つきの円形周溝墓は吉備・讃岐・播磨など瀬戸内海中部から東部にかけてのエリアが分布の中心である。

平成28年（２０１６）、奈良県橿原市の瀬田遺跡から墳丘部の直径が約19メートルの国内最大の円形周溝墓が発見された。この円形周溝墓には陸橋が備えられており、前方後円墳の原型ともいわれている。この円形周溝墓の造営は2世紀中頃から後半と考えられ、畿内勢力が吉備を中心とする瀬戸内海中部連合に加わった時期ともほぼ一致する。前方後円墳は銅鐸文化に変わる新たな祭祀文化として、2世紀後半には取り入れられ、これを主導したのが瀬戸内海中部連合だったと考えられる。

ホケノ山古墳（奈良県桜井市）　桜井市教育委員会 提供
前方後円形の墳丘墓で、陸橋つき円形周溝墓が発展したものと考えられている。

瀬田遺跡の陸橋つき円形周溝墓はその後、アップデートされていくことになる。3世紀前半には、形式化された前方後円形の墳丘墓が登場する。そして、前方後円形の完成形として3世紀中頃に、卑弥呼の墓ともいわれ最初の前方後円墳とされる箸墓古墳が誕生することになる。畿内勢力を取り込んだ吉備を中心とする瀬戸内海中部連合の首長墓をベースにして、その後、古墳時代を通じてヤマト王権のシンボルとなった前方後円墳が奈良盆地で誕生したのである。

古墳時代は3世紀初頭にははじまっていた

纒向で造営された最初の前方後円墳

現在、古墳時代のはじまりは3世紀中頃から後半とされるのが一般的だ。これは最初の巨大円墳である箸墓古墳がこの時期に造営されたからだ。箸墓古墳は墳丘長が約290メートル、後円部の直径が約165メートルの巨大古墳で、2世紀の墳丘墓には見られない規模の墓である。またそれまでの墳丘墓は盛り土のものがほとんどだが、墳丘は葺石で覆われ、段々状に積み上げられた段築《だんちく》と呼ばれる形状をしている（後円部5段、前方部3段）。こうした特徴はその後の前方後円墳の雛形となった。

ただし、前述したように纒向遺跡には箸墓古墳よりも、古い時期の前方後円形の墳丘墓が存在する。確認されているのは、石塚古墳、矢塚古墳、勝山古墳、東田大塚古墳、ホケノ山古墳の5基で、箸墓古墳よりも前方部が未発達（小型）で墳丘長を3分割した場合、後円部と前方部との比率が2対1となっている特徴を持つ。

桜井市纒向学研究センター長の寺沢薫氏は前者3基を「纒向型前方後円墳」、後者2基を「定形化前方後円墳」と名づけている。いずれも墳丘長は100メートルほどで、箸墓古墳よりも規模は小さいながら当時としては最大級の墳丘墓だ。最も古い石塚古墳から出土した木製品の木材が伐採された時期は、炭素年代測定法によって177年＋α（12年前後）という結果が出た。また勝山古墳から出土した木製品を分析したところ200年前後とわかった。卑弥呼政権が成立した時期に形式化された纒向型前方後円墳が誕生したことになる。

　石塚古墳とホケノ山古墳では段築が確認され、また東田大塚古墳は段々畑につくられていることから、そのほかの墳丘にももともとは段築があったと推測される。確かに前方後円墳が定形化されて全国的に展開することになったフォーマットは箸墓古墳がはじまりだが、青銅器を中心とする祭祀から前方後円墳による祭祀への切り替わりを古墳時代のスタートする方が自然だろう。このように考えると、古墳時代は3世紀中頃ではなく、纒向型前方後円墳が誕生した200年前後にはじまったと見ることができる。

石塚古墳（奈良県桜井市）
桜井市教育委員会 提供
奈良盆地に最初に造営された前方後円形の墳丘墓で、纒向型前方後円墳とも呼ばれる。

墳丘墓と副葬品から見る卑弥呼政権の実像

纒向で出土する北部九州の副葬品

纒向遺跡の墳丘墓や古墳の中で埋葬施設の様子がわかっているのは、ホケノ山古墳のみである。これはその他の墳墓では墳丘自体が失われるなど保存状態が悪かったり、宮内庁の陵墓に指定されて調査ができないといった事情があるためだ。ホケノ山古墳は箸墓古墳の東に近接しており、墳丘長約80メートル、後円部は3段築成で直径は約55メートルある。

埋葬施設は石囲い木槨と呼ばれるもので、吉備や讃岐、播磨など瀬戸内海中部連合の首長墓と共通点が見られる。注目されるのは副葬品だ。土器のほか、画文帯神獣鏡《がもんたいしんじゅうきょう》1面、内行花文鏡《ないこうかもんきょう》などの破片23点、素環頭大刀《そかんとうたち》1本を含む鉄器類などが出土している。これらの副葬品は北部九州に見られる特徴である。

吉備や出雲、タニハとは異なり、北部九州では墳丘墓が大型化することはなかったが、首長墓における祭祀は発展し、豪華な副葬品はほかの地域を圧倒する。被葬者が伊都国王と考えられる平原1号墓（福岡県糸島市）は約14×10メートルの角が丸い長方形の墳丘を持ち、墳丘上には覆屋が設けられた。また墳丘の東西の軸線上からは直径約70センチの太柱跡が発見され、当時の柱の高さは15メートル以上と推定される。この東西の軸線の延長線上にある日向峠からは10月20日前後に太陽が昇る。この時期は、伊勢神宮で最も重要な祭儀である神嘗祭《かんなめさい》の日程とほぼ一致する。

平原1号墓から出土した銅鏡

伊都国歴史博物館 提供（松岡史氏 撮影）
佐賀県糸島市の平原1号墓から出土した銅鏡は破砕した状態で発見された。

また平原1号墓からは40面もの鏡が発見され、この中には三種の神器の1つとされ、アマテラスを象徴する八咫鏡と同型ともいわれる最大の内行花文鏡が出土している。内行花文鏡は太陽を模したものともいわれる。太柱と内行花文鏡はいずれも日神信仰（太陽信仰）に基づいたものだ。

ホケノ山古墳からは、平原1号墓と同様の内行花文鏡の鏡片が出土している。2世紀末に瀬戸内海中部・畿内連合に北部九州が加わり、卑弥呼政権が誕生すると、北部九州の首長霊祭祀の特徴である日神信仰が加えられることになる。

北部九州・出雲の勢力が加わり前方後円墳が完成

纒向遺跡で発見された建築物群が春分と秋分の日の出とほぼ一致する軸線上に造営されたように、卑弥呼政権では太陽が強く意識された。新王都建設と並行して3世紀初頭に纒向型前方後円墳が登場するが、それまでの瀬戸内海中部連合の墳丘墓とは異なり、後円部と前方部との比率が2対1という統一規格が採用されている。

円丘と方丘の組み合わせには、中国の思想が反映されたとする説もある。古代中国には天は円形、大地は方形（四角形）とする宇宙観があった。陸橋つき円形周溝墓は、埋葬施設がある円丘部は神（死者）のエリア＝天、陸橋部は生者（人間）のエリア＝地をあらわしているイメージと重ねられ、当初は単なる陸橋だった部分が宗教的意味を持ち、拡大・発展していったとも考えられる。

さらにホケノ山古墳からは葺石が確認されている。それ以前の4基の纒向型前方後円墳では葺石は確認されていないことから、箸墓古墳が造営される直前の時期に前方後円墳はさらなる進化を遂げたことになる。葺石は楯築墳丘墓の一部にも見られるが、大々的に行われていたのは出雲連合の四隅突出型墓である。ここから、2世紀後半の瀬戸内

ホケノ山古墳（奈良県桜井市）
纒向型前方後円墳のうち最後に造営されたホケノ山古墳は、葺石や段築が確認されている。

海中部・畿内連合による前方後円墳の原型の誕生、北部九州が加わった2世紀末から3世紀初頭にかけての卑弥呼政権による纒向型前方後円墳、そして出雲連合が加わって葺石が備えられたホケノ山古墳という発展が見られる。箸墓古墳は、新たに加わった諸勢力の首長霊祭祀を集約化し、発展していったものといえるだろう。

卑弥呼の墓だった箸墓古墳

箸墓古墳は『日本書紀』で7代孝霊《こうれい》天皇の皇女・ヤマトトトヒモモソヒメ（以下、モモソヒメ）の墓とされ、宮内庁によって陵墓となっているため大規模な発掘調査は行われていない。モモソヒメは10代崇神天皇の時代に神懸かりしてお告げを伝えるなど巫女的な人物として描かれている。『魏志』倭人伝では卑弥呼の墓

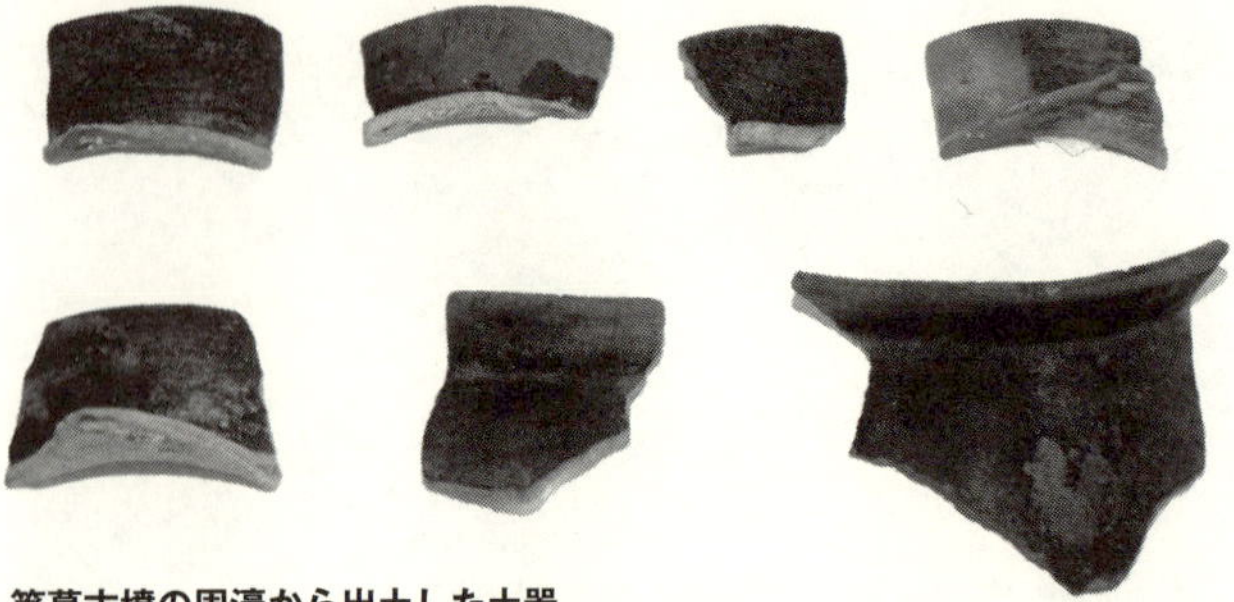

箸墓古墳の周濠から出土した土器
共同通信社 提供
平成21年（2009）に箸墓古墳の周濠から出土した土器に付着した米のススから炭素年代測定法が行われた。

は「径百余歩《ぶ》」とあり、モモソヒメの「モモソ」は「百十」に通じる。「歩」は長さの単位で、１歩＝６尺（１・３８６メートル）である。これで計算すると１１０歩は約１５２・46メートルとなり、箸墓古墳の後円部の直径約１６５メートルに近い（前方部を無視した場合）。

　こうした文献史料から見た比較に加え、放射性炭素年代法によって箸墓古墳築造時の米のススから築造年代は２４０～２６０年と推定された。これは卑弥呼が死亡したとされる２４８年頃と一致する。卑弥呼の墓をホケノ山古墳とするなど、箸墓古墳を卑弥呼の墓とする説には否定的な見解もあるが、前例のない巨大な前方後円墳の被葬者は、卑弥呼と考えるのが自然だろう。

第４章

卑弥呼・台与政権による日本統一

三角縁神獣鏡は卑弥呼のための特注品だった

中国で出土しない三角縁神獣鏡の謎

吉備を中心とする瀬戸内海中部と畿内が結びつき、さらに北部九州が加わり、2世紀末に卑弥呼政権が誕生した。卑弥呼は、景初3年（239）に大夫・難升米らを魏に派遣し、生口10人と布などを献上した。魏の明帝は遠方から朝貢したことを評価し、卑弥呼を「親魏倭王」に任じ、金印・紫綬《しじゅ》（綬は、印につける格式を示す紐《ひも》で紫は最高ランクを意味する）を授けた。このときさまざまな宝物とともに銅鏡百面が贈られた。この銅鏡は魏晋鏡と言われる三角縁神獣鏡とされ、卑弥呼政権の正統性と権威を示す威信財として、各地の豪族に配布されたとされる。

卑弥呼の鏡が三角縁神獣鏡とされるのは、昭和47年（1972）に神原《かんばら》神社古墳（島根県雲南市）から卑弥呼が銅鏡を授かった「景初三年」の年号が刻まれた銅鏡が発見され、それが三角縁神獣鏡だったからだ。その後、平成9年（1997）から翌年にかけて、奈良盆地の東南部にある黒塚古墳（奈良県天理市）から33面の三角縁神獣鏡が発見された。こうしたことから卑弥呼の鏡＝三角縁神獣鏡とする説が広がった。

一方で、三角縁神獣鏡は国内で５００面以上発見されており、魏から贈られた百面を大きく上回っている。そのため、三角縁神獣鏡には国産説が存在する。三角縁神獣鏡には、文様の違いから、主に中国産の舶載鏡《はくさいきょう》と国産の仿製鏡《ぼうせいきょう》の２つに分類される。平成27年（２０１５）に行われた調査では、舶載鏡１面と仿製鏡３面に残った傷に共通点が見られたことから、これらが同じ鋳型でつくられた可能性が示された。鋳型そのものを日本に運んだ可能性は低いので、舶載鏡が中国産、仿製鏡が国産という分類方法に意味がないことになる。さらに平成28年（２０１６）に小田中親王塚古墳（石川県中能登町）で発見された三角縁神獣鏡は、舶載鏡と仿製鏡の両方の特徴を備えていた。一方で、中国では三角縁神獣鏡は発見されていない。このような三角縁神獣鏡の謎をどう読み解けばいいのか。

大阪大学人文学研究科教授の福永伸哉氏は、各地で出土した鏡の穴（紐孔）を分析し、魏の皇帝直属の工房の技術が用いられていることを突き止めた。このことから、三角縁神獣鏡は魏の皇帝直属の工房によって、卑弥呼や台与に下賜するために専用につくられた特注品であるとしている。

卑弥呼の最初の威信財は画文帯神獣鏡だった

吉備主導から北部九州主導に移行

卑弥呼といえば、魏の皇帝から贈られた三角縁神獣鏡を配布することによって各地を統治したイメージがあるが、実はもう1つの「卑弥呼の鏡」が存在する。それが、画文《がもん》帯神獣鏡《たいしんじゅうきょう》である。

画文帯神獣鏡と三角縁神獣鏡の出土地を見ると、3世紀前半には画文帯神獣鏡が畿内を中心に吉備などに分布し、北部九州や東海地方の出土例はわずかである。これに対して3世紀中頃から後半にかけて、三角縁神獣鏡が畿内や吉備以外にも北部九州や東海地方にまで広がっている（143ページ図参照）。こうした傾向から大阪大学人文学研究科教授の福永伸哉氏は、卑弥呼政権時代を「共立王」と「親魏倭王」の2つの段階に分け、共立王の威信財を画文帯神獣鏡、親魏倭王の威信財を三角縁神獣鏡としている。そのため、福永氏は卑弥呼政権の主導勢力は畿内の有力集団と推測している。

「第一次倭国乱」において、卑弥呼政権に先立つ連合を組んだのが、吉備を中心とする瀬戸内海中部と畿内だった。画文帯神獣鏡はこの瀬戸内海中部・畿内連合の地域と一致する。画文帯神獣鏡は後漢時代につくられた鏡で、三角縁神獣鏡と異なり中国本土でも多く出土している。画文帯神獣鏡は、中国との強固な交易ネットワークを証明する威信財といえるだろう。これに対して、三角縁神獣鏡は魏の皇帝による特注品であり「親魏倭王」を象徴するものだ。「親魏」の称号は、インド北部にあった大国クシャーナ朝に授与された「親魏大月氏王」と、卑弥呼への「親魏倭王」のみで、最高ランクの称号である。単なる経済的優位性を示す画文帯神獣鏡に対して、三角縁神獣鏡は経済的優位性に加え絶大な権威が付与された威信財といえる。それまで自ら治める国を持たない共立王だった卑弥呼が、魏の後ろ盾を得た親魏倭王の称号によって、盟主的な存在から「王の中の王」＝「大王」とも呼べる存在になったとも考えられる。

この「親魏倭王」の授爵に尽力したのは、1世紀から積極的に中国王朝と交流していた北部九州の勢力だったのだろう。画文帯神獣鏡の出土例が少ない北部九州で、三角縁神獣鏡の出土例は珍しくない。画文帯神獣鏡から三角縁神獣鏡への移行は、共立王から親魏倭王への移行を意味するだけでなく、卑弥呼政権が吉備主導から北部九州主導へと変わったことを意味するとも考えられる。

親魏倭王となった卑弥呼政権に出雲連合が参画

公孫氏の滅亡から北部九州勢力が復活

当時、中国に向かうためには朝鮮半島の付け根にある帯方郡を経由する必要があった。しかし、黄巾の乱にはじまる中国の混乱期に乗じて、189年に公孫氏が後漢から実質的に独立する。公孫氏が倭国と中国との海上交通を遮断したことによって北部九州は後ろ盾である後漢と交流することができなくなり、外交のアドバンテージを失った。画文帯神獣鏡の分布に見られるように、共立王時代に北部九州の勢力が吉備に対して相対的に劣勢だったのはこのためと考えられる。状況が変わったのは、帯方郡を支配した公孫氏が238年に魏によって滅ぼされたことだ。魏は後漢の後継王朝であり、2世紀に倭国王として後漢王朝と交流していた北部九州は再び外交のアドバンテージを取り戻すことになった。早くも魏が建国した翌年に卑弥呼は朝貢し、「親魏倭王」の称号を得ている。こうした中で、北部九州は、それまで共立王として実権を持たない卑弥呼に接近し、親魏倭王の称号を得ることに成功したのではないだろうか。

親魏倭王の権威は絶大なものだったのだろう。親魏倭王の授爵と前後して出雲連合が卑弥呼政権に加わったことがうかがえる。2世紀後半から3世紀前半の高地性集落の分布を見ると、日本海側の出雲連合の勢力圏に高地性集落の出現を見ることができる（78ページ参照）。実はこれら出雲連合の高地性集落は、瀬戸内海側よりも1テンポ遅れて出現する。つまり、卑弥呼共立政権の誕生後に日本海側に高地性集落がつくられはじめることになる。このことは、出雲連合が当初は卑弥呼共立政権に加わらなかったことを意味する。

記紀では、出雲を開拓したオオクニヌシのもとに、天上世界から武神が派遣され、オオクニヌシが同意したことで出雲は明け渡される。また、『日本書紀』崇神天皇条には、オオクニヌシの分身とされるオオモノヌシが、7代孝霊天皇の皇女・モモソヒメに神懸かりし、纏向にある三輪山にオオモノヌシを祀る記述がある。さらにモモソヒメとこのオオモノヌシが結婚する伝承も記されている。モモソヒメは、「卑弥呼の墓」ともいわれる箸墓古墳の被葬者とされている人物だ。これらの記述は、ヤマト王権誕生後のストーリーとして描かれている。このことは、出雲が女王の時代、卑弥呼や台与時代に王権に参画したことを示したものともいえる。

呉鏡にみる出雲と吉備の反卑弥呼勢力

出雲の勢力圏に一致する逃走ルート

記紀には、出雲の国譲りにおいて、平和裡には行われなかったことが記されている。国譲りの際にオオクニヌシは2人の息子が同意することを条件とした。美保ヶ崎（島根半島東部）で漁をしていた兄のコトシロヌシはすぐに同意した。ところが弟のタケミナカタは天上世界から派遣された武神に力比べを挑んだ。これに敗れたタケミナカタは、出雲から逃走した。武神が追う中、タケミナカタは島根半島東部の美保、越のエリアである能登半島を経て、新潟県沿岸部に上陸し、姫川か信濃川を南下し、諏訪に至ったと思われる。タケミナカタは諏訪で降伏し、以降、この地から出ないことを約束したという。こうして創建されたのが諏訪大社と伝わる。

タケミナカタの逃走ルートは、出雲連合の勢力エリアと一致している。また姫川・信濃川から諏訪に至るルートは糸魚川《いといがわ》―静岡構造線と呼ばれる断層が走っており、南北へ

妻木晩田《むきばんだ》遺跡（鳥取県大山町）

高地性集落に造営された四隅突出型墓。瀬戸内海や畿内から1テンポ遅れて日本海側に高地性集落が出現した。

の移動が容易なルートである。

日本海側に広範な交易ネットワークを構築した出雲だったが、一枚岩だったわけではなかった。出雲には四隅突出型墓と古墳の分布から、西部の出雲地域と東部の意宇《おう》地域の2つの勢力が存在した。西谷墳墓群に造営された出雲王墓と考えられる大型の四隅突出型墓は4つあり、最後の9号墓の造営ののち、墳墓の造営は東部に移行する。記紀では島根半島東部にいたコトシロヌシは国譲りに同意する。これが意宇地域の勢力であり、国譲りに反対した西部の出雲地域の勢力は諏訪へと逃れていったとも考えられる。

日本で出土した2面の呉鏡

タケミナカタの逃走ルートと想定される糸魚川―静岡構造線の諏訪の先には甲府盆地があり、鳥居原狐塚古墳（山梨県市川三郷町）からは、魏に敵対した呉の年号である赤烏7年（244）の銘が入った銅鏡が発見された。呉が弥生時代の日本と外交を行っていた記録は残っていないが、魏と同様に何らかの交流があったと考えられている。呉と交流したのは、「親魏倭王」となった卑弥呼政権に対抗する勢力だったことがうかがえる。

地理的な条件と記紀におけるタケミナカタの伝承から、卑弥呼政権に反対する出雲の一部の勢力が諏訪に逃れて、出雲亡命政権とも呼べる勢力となったとも推測できる。この出雲亡命政権が、魏・卑弥呼政権に対抗するために、呉と結びつこうとしたのではないか。

同様の年号が刻まれた呉鏡がもう1面、兵庫県宝塚市の安倉高塚古墳から発見されている。魏から卑弥呼に銅鏡が贈られたのが景初3年（239）であり、赤烏7年（244）の呉鏡はその直後の時期だ。呉鏡が発見されたのは播磨のエリアであり、氷上回廊を通じて呉鏡がもたらされたと考えられる。

後漢の後継国家である魏の後ろ盾を目指す北部九州勢力に対抗して、瀬戸内海中部連

タケミナカタの逃走ルートと呉鏡の出土地

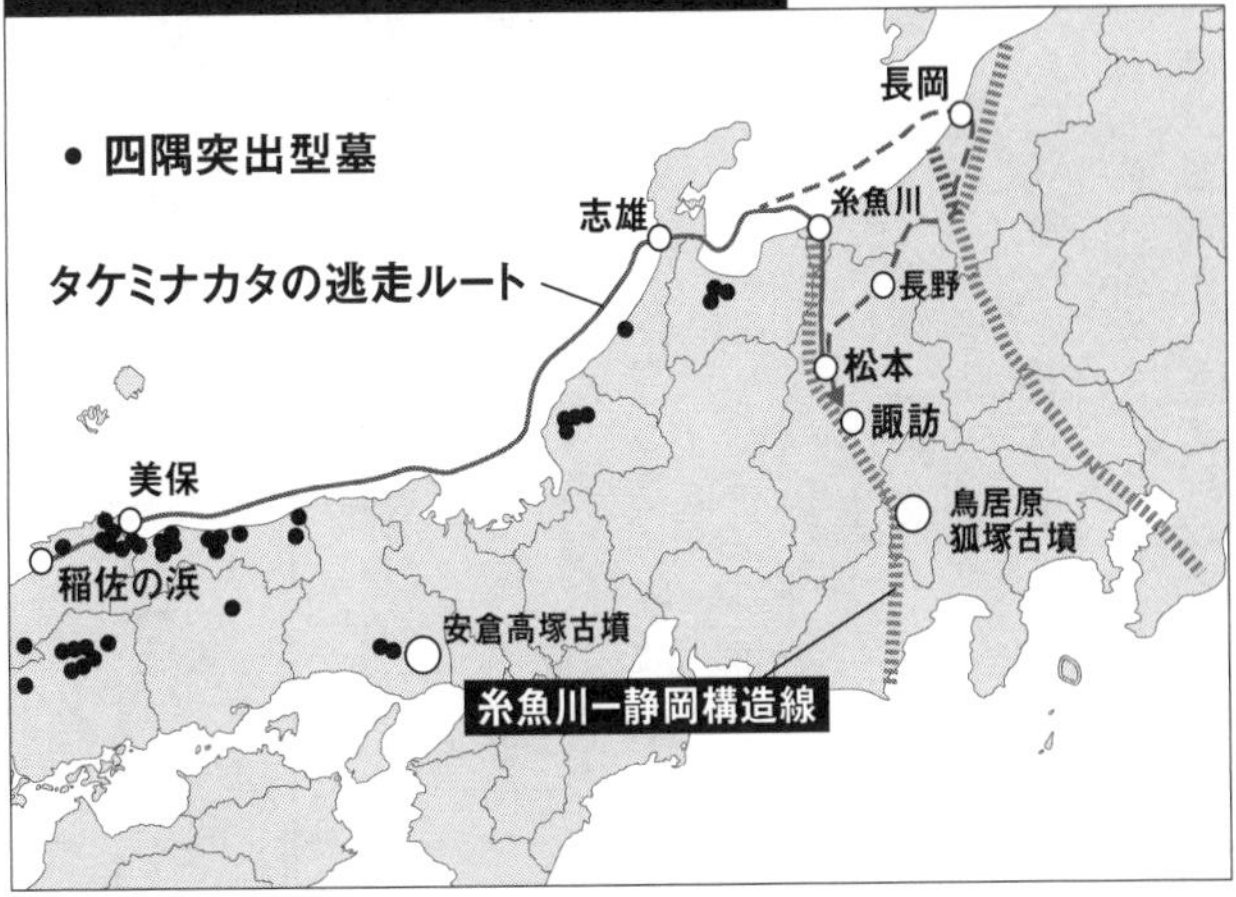

四隅突出型墓の分布とタケミナカタの逃走ルートは一致している。また国内で発見された２面の呉鏡の出土地は交通の要衝に位置している。

合は北部九州の外交アドバンテージがない呉と結びつき、「親呉倭王」と呼ぶべき称号を卑弥呼に授与させようと画策したのではないだろうか。

あるいは、「親魏倭王」の獲得に成功した北部九州に対して、相対的に地位が低下した瀬戸内海中部連合が不満を募らせる中で、呉と結びついた出雲亡命政権が瀬戸内海中部勢力を取り込もうとしたとも考えられる。

２面の呉鏡が何を意味するのか、今のところわかっていない。しかし今後、呉鏡の新たな出土があれば、３世紀前半の卑弥呼政権と、それに対抗する地方勢力の様子が明らかになるかもしれない。

卑弥呼政権と狗奴国・東海連合との戦い

緊張状態にあった国境地帯

近年では、『魏志』倭人伝に記された狗奴国が東海連合だったとする説が多く語られるようになった。その理由は、最も明確に「反卑弥呼政権」を打ち出したのが尾張を中心とする東海連合だったからだ。2世紀後半から3世紀前半の高地性集落の分布を見ると、畿内から伊勢へと至る大和街道（笠置街道・伊賀越奈良道）沿いに高地性集落が集中していることがわかる（78ページ参照）。このルートは現在もJR関西本線が通っている。また琵琶湖がある近江方面にも高地性集落が多く出現している。つまり、畿内と尾張の間にある要衝で高地性集落が出現しているのだ。

さらに卑弥呼の共立王時代の威信財である画文帯神獣鏡の出土が東海地方では稀だ。東海連合の王都があった伊勢湾沿岸部の濃尾平野から、タニハへの交易ルートである琵琶湖東岸地域への画文帯神獣鏡の流入は極端に少ない。

2世紀後半に東海連合の三遠式銅鐸が近畿式銅鐸に吸収されたことを前述した。瀬戸内海中部連合と東海連合の間にあった畿内は、両者のパワーバランスの中で一時的に東海連合側に入り、その直後に瀬戸内海中部連合が巻き返しを図って畿内勢力は西側の勢力に取り込まれたとも考えられる。高地性集落の集中度と画文帯神獣鏡の流入の少なさは、東海連合が卑弥呼政権との国境を閉ざし、高い緊張状態にあったことがうかがえる。

前方後方形の首長墓の分布

東海連合の卑弥呼政権への対決姿勢は、祭祀文化にも見られる。3世紀に入るとそれまで畿内と共有していた銅鐸文化を廃止、さらに畿内で誕生した前方後円形の首長墓に対抗するように、前方後方形の首長墓が造営された。前方後円形が瀬戸内海中部の円形周溝墓の発展形であるのに対して、前方後方形は方形周溝墓を起源とする。

3世紀中頃の前方後円形の首長墓の分布を見ると、畿内から瀬戸内海、北部九州にかけて分布している。一方で、前方後方形の首長墓は、東海から関東の東方だけでなく、近江から越のエリアにまで分布する。

出雲のタケミナカタが島根半島を脱出したあとに能登半島を経由して長野県の諏訪に至るが、これらのエリアにも前方後方形の首長墓が造営された。このことは出雲の亡命

高尾山古墳（静岡県沼津市）
3世紀最大級の前方後方墳である高尾山古墳は、東海連合の中心地だった濃尾平野ではなく、伊豆半島の付け根の静岡県沼津市にある。

政権が東海連合に加わったとも読み取れる。さらには東海連合が卑弥呼政権に対抗して、呉と結ぼうとした可能性もある。

卑弥呼政権と東海連合の間の争乱の決着について、『魏志』倭人伝をはじめとする中国の歴史書には記されていない。ただし、少なくとも卑弥呼政権の勢力圏が他の勢力によって侵食された形跡は見られない。

一方で平成28年（２０１６）に静岡県沼津市にある高尾山古墳が、墳丘長約62メートルの最大級の前方後方墳であることが判明した。出土した土器類は畿内のものは全くなく、関東や北陸、東海西部など東海連合の勢力圏の

前方後方形の首長墓の分布

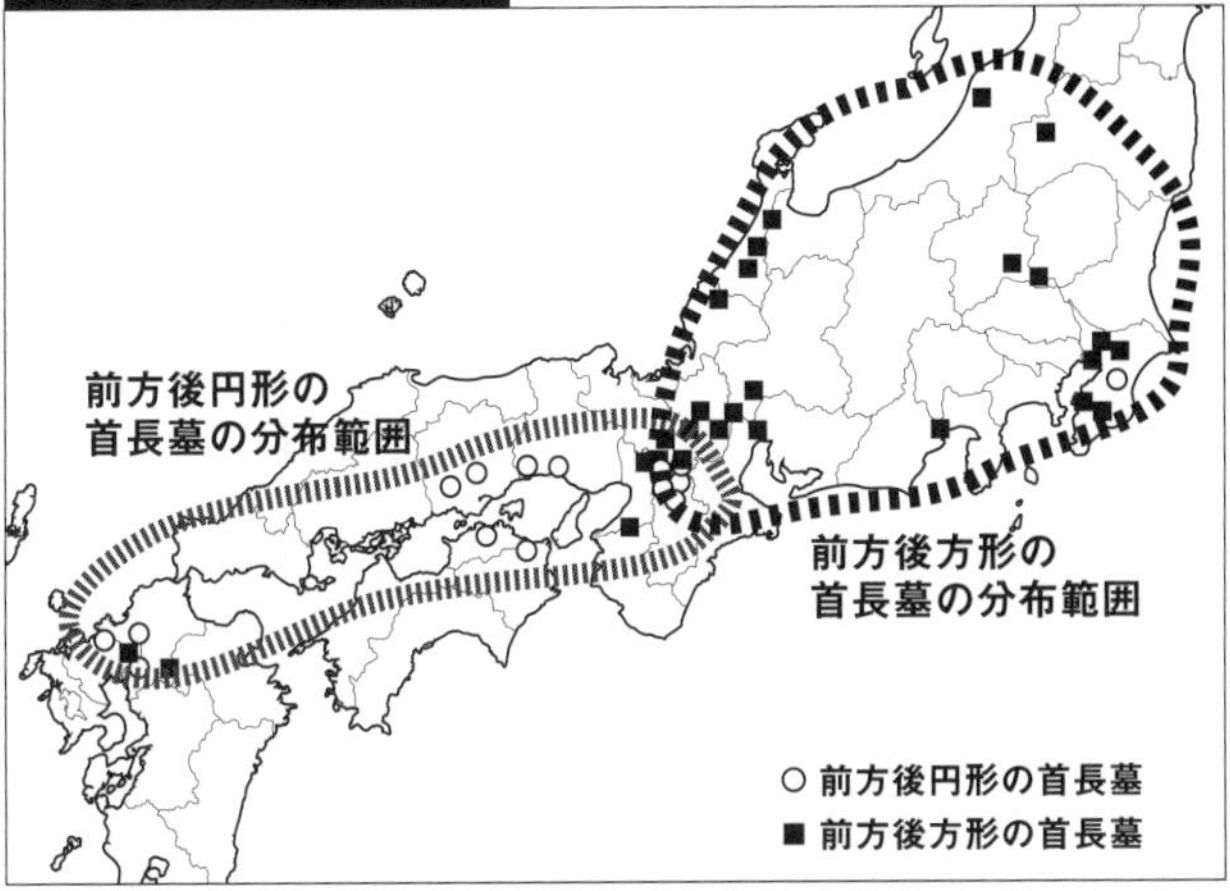

畿内・瀬戸内海・北部九州に分布する前方後円形の首長墓に対して、前方後方形の首長墓は東海から関東、日本海側の北陸にかけて広がる

ものばかりだった。さらに東海地方では貴重な鉄槍や鉄鏃などの鉄製品も出土し、被葬者が軍事的な首長だったことがうかがえる。

高尾山古墳の造営年代は、卑弥呼政権と狗奴国が争っていた230年代と考えられる。東海連合の中心地は畿内に近い最前線からより安全な東へ移動したとも考えられる。このことからも、卑弥呼政権と東海連合との争乱は物資の量と質に優る卑弥呼連合が優位に進めていたのではないかと考えられる。

卑弥呼の死の原因は何だったのか

狗奴国との戦時中の突然の死

『魏志』倭人伝には、「女王卑弥呼はもともと狗奴国の男王卑弥弓呼と不和である」と記され、そのため卑弥呼は、正始8年（247）に戴斯《さいし》と烏越《うえつ》らを帯方郡に派遣し、卑弥呼政権と狗奴国が互いに戦っている状況を報告している。これに対して、魏は帯方郡の官吏の1人である張政を倭国に派遣し、黄幢《こうどう》と檄文を贈った。黄幢とは黄色い旗のことで、黄色は魏の皇帝のシンボルカラーである。つまり、黄幢は魏の官軍を意味する。この直後、卑弥呼は死去したことが記されている。

その記述はわずかで「卑弥呼以死」とのみある。「以死」の解釈には、「そして（卑弥呼が）死んだ」という読み方が一般的である。卑弥呼の死は248年前後とされる。その後、共立された台与の年齢が13歳だったことを考えると、卑弥呼が共立されたのも10代だった可能性がある。倭国乱が180年代とすれば、卑弥呼は80歳近い年齢だったことになり、自然に考えれば卑弥呼の死因は老衰だったと考えられる。

一方で、卑弥呼の死去が狗奴国との戦時中だったことから、戦争によって死亡したとする説もある。しかし、纒向遺跡に戦争の痕跡がなく、『魏志』倭人伝に「見ること有る者少なし」と記述されるほど、外に出ることがなかった卑弥呼が戦闘で亡くなったと考えるのは難しい。

魏が主導した卑弥呼暗殺説

「以死」を「すでに（卑弥呼が）死んでいた」と読むとする解釈もある。このように読んだ場合に可能性があるのが、卑弥呼暗殺説である。黒幕として浮上するのが魏だ。卑弥呼は諸国を統率する倭国王であり、最高位の称号である「親魏倭王」が239年に授けられた。ところが、「親魏倭王」でありながら卑弥呼政権は国内の統一がなされず、狗奴国との戦闘に魏から支援を求めるほ

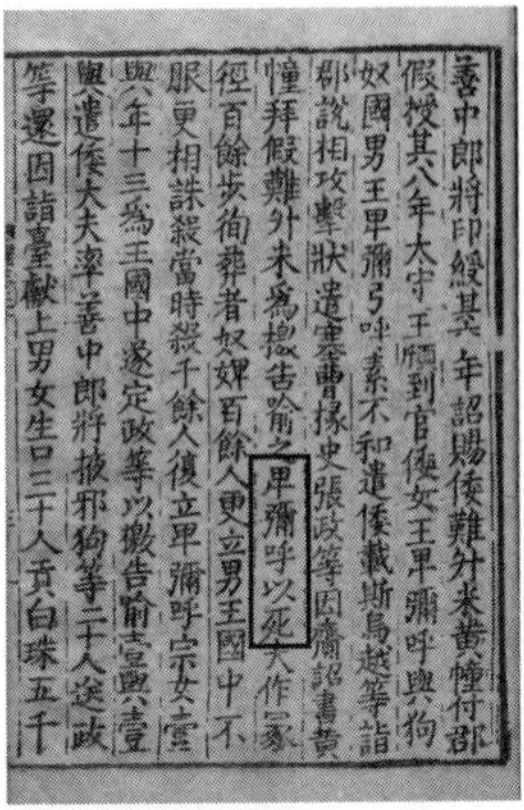
善中郎將印綬其六年詔賜倭難升米黄幢付郡
假授其八年太守王頎到官倭女王卑彌呼與狗
奴國男王卑彌弓呼素不和遣倭載斯烏越等詣
郡說相攻擊狀遣塞曹掾史張政等因齎詔書黄
幢拜假難升米爲檄告喻之卑彌呼以死大作冢
徑百餘歩徇葬者奴婢百餘人更立男王國中不
服更相誅殺當時殺千餘人復立卑彌呼宗女壹
與年十三爲王國中遂定政等以檄告喻壹與壹
與遣倭大夫率善中郎將掖邪狗等二十人送政
等還因詣臺獻上男女生口三十人貢白珠五千

『三国志』魏書巻三十
国立公文書館 所蔵
『魏志』倭人伝には卑弥呼の死についてわずか5字で「卑弥呼以死」とのみ記述されている。

ど弱小だったことから、魏が卑弥呼を見限り、殺害したというのだ。

あるいは、北部九州に主導権を奪われた吉備や、卑弥呼政権に参画したばかりの出雲などの可能性もある。考古学者の故・森浩一氏は、卑弥呼の使者として魏を訪れた難升米を儺＝奴国の王族ととらえた。卑弥呼が死亡する直前に難升米は、張政を連れて帰国している。ここから、張政と難升米が卑弥呼暗殺を画策した可能性も考えられる。戦死などの特殊な死に方だった場合は『魏志』倭人伝にその記述がないのは不自然だが、魏が暗殺を主導したならば、記述の簡素さにも説明がつく。

卑弥呼が祭祀王であることに着目した説もある。『魏志』倭人伝には倭人の風習として「持衰《じさい》」という職業の存在を紹介している。持衰とは航海の安全のために船に乗り込み、沐浴《もくよく》も肉食も断って祈りを捧げる。航海が成功すれば多額の報酬の金品が得られるが、もし何か不慮の事態が起これば、持衰の慎みが甘かったせいだとして殺されることもあるという命がけの職業である。いわば保険的な人身御供である。こうした倭国の風習から、卑弥呼は狗奴国との戦争終結の見通しが見えない中で責任を迫られ、持衰のように殺害されてしまったのではないかとする説である。

『魏志』倭人伝には、女王の死後、男王を立てたが、国中が服従せず、互いに殺し合い、この時、千余人が殺されたという。卑弥呼の死は老衰と考えるのが一般的な見方だが、それならば高齢の卑弥呼が後継者を指名していなかったことにも疑問が残る。もっとも、卑弥呼の死因については、保存状態の良い卑弥呼の全身の骨が出土するなどない限り、考古学的に証明することはほぼ不可能に近い。卑弥呼の死について結論を出すことは今後も難しいだろう。

潤《うるう》地《じ》頭《とう》給《きゅう》遺《い》跡出土準構造船
伊都国歴史博物館 提供
丸木舟に舷側板などを取り付けて大型化したもの。長距離の海上航行では「持衰」と呼ばれる人身御供が乗っていた。

台与政権の誕生と狗奴国戦争の終結

卑弥呼の死と張政の帰国

『魏志』倭人伝には、卑弥呼が亡くなると、男王が立てられたが諸国が服属せず、1000人以上が死亡する内戦が発生した。そのため、卑弥呼の宗女である13歳の台与が立てられたという。「親魏倭王」となり、王の中の王となった卑弥呼の後継者もまた絶大な力を持つことになる。これに対して諸国は反発し、再び「共立王」に戻すという妥協点を見出したとも考えられる。「宗女」とは「同族の女性」を意味する言葉だが、これが血族を意味するかは意見が分かれるところだ。卑弥呼は生涯独身だったことから少なくとも娘ではない。「宗女」とは、卑弥呼政権の主導権を握った勢力の人物だったとも考えられる。

卑弥呼が亡くなる直前に、魏の帯方郡の武官である張政が派遣され、魏の皇帝から授けられた檄文を卑弥呼に教え諭した。張政はこの檄文を台与にも教え諭していることから、張政は軍事顧問だったと考えられる。

年代は明らかではないが、その後、台与は政権の役人20人を張政に随伴させて帰国させた。軍事顧問である張政の帰国が実現したことから、台与政権の時代に狗奴国との争乱が終結したと考えられる。またこの時、台与政権の使者は生口30人を宝物とともに魏に献上している。卑弥呼が魏に贈った生口の数が10人だったことを考えると3倍の数だ。この生口は狗奴国の捕虜とも考えられる。

画文帯神獣鏡と三角縁神獣鏡の分布を見ると、画文帯神獣鏡の流入が見られなかった東海連合の勢力圏に、3世紀中頃以降に三角縁神獣鏡の出土例が多く見られるようになった。このことから、卑弥呼の死後に東海連合が台与政権に参画したと考えられる。

『梁書』倭伝などには、魏が滅亡した翌年の泰始2年(266)、台与が西晋に朝貢したとみられる記述を最後に、中国の歴史書から倭国の記述は5世紀まで途絶えることになる。台与政権がいつまで続いたかは不明だが、その後、朝貢の記録がなくなることから、この直後に台与が死亡、あるいは政治的実権を失った可能性が高い。東海連合が加わったことで政権内のパワーバランスに変化が生じ、台与政権を擁立した北部九州勢力が政権内の主導権を失ったと考えられる。

インタビュー❷

鏡から読み解く邪馬台国から ヤマト政権への政権移行

日本の国家形成過程において、古墳時代の政治的中心が、なぜ、先進的な弥生文化をいち早く繁栄させた北部九州ではなく、畿内だったのか？ そしてまた、邪馬台国とはどこにあったのか？ その問いへのヒントになるのが三角縁神獣鏡《さんかくぶちしんじゅうきょう》をはじめとする鏡の存在であると大阪大学人文学研究科教授の福永伸哉氏は考える。鏡の歴史を通して、邪馬台国からヤマト政権へとつながる軌跡を語ってもらった。

大阪大学人文学研究科教授
福永伸哉（ふくなが・しんや）

1959年、広島県福山市生まれ。大阪大学文学部史学科、同大学院博士課程にて考古学を専攻。大阪大学助手、助教授を経て、2005年より現職。長年にわたる近畿の古墳の発掘調査のほか、三角縁神獣鏡を手がかりにしたヤマト政権成立過程や日本の古墳時代と世界の墳丘墓文化の比較などの研究を手がけている。主な著書に「シンポジウム 三角縁神獣鏡」（共著）、「三角縁神獣鏡の研究」（大阪大学出版会）、「古代の鏡と東アジア 卑弥呼の鏡は海を越えたか」（共著、学生社）

取材・文／郡 麻江

有力地域の首長たちの会盟《かいめい》により、新時代の王を共に立てる

「三角縁神獣鏡については、『魏志』倭人伝に卑弥呼が魏の皇帝から贈られたと記されている『銅鏡百枚』にあたるのではないかという説が早くから提言されていました。箸墓古墳は発掘調査が行われていないので、副葬品についてはわかりませんが、築造時期が近い権現山51号墳や西求女塚《にしもとめづか》古墳（兵庫県）、黒塚古墳（奈良県）などから三角縁神

獣鏡が出土し、また、畿内地域を中心に初期の古墳からも数多く出土していることから、三角縁神獣鏡の在り方が邪馬台国所在地やヤマト政権成立の手がかりになるのではないかと思います」

昭和47年（１９７２）には、島根県の神原神社古墳から卑弥呼が魏に遣使をしたという、まさにその年にあたる「景初三年」の銘を持つ三角縁神獣鏡が出土した。これにより、『魏志』倭人伝に記されている卑弥呼の遣使の信憑性が高まるとともに、三角縁神獣鏡と卑弥呼、邪馬台国とのつながりがさらに明確になったといえる。

福永氏は、巨大な規模をもつ箸墓古墳の出現を契機として、この古墳の築造をもってヤマト政権が成立し、また箸墓古墳と類似する前方後円墳、前方後方墳が西日本で広がっていく時期をもって古墳時代のはじまりと考えている。ここで福永氏がいうヤマト政権とは畿内の王のもとに参画した各地域の全体の枠組みを指し、その中でリーダーシップを握って政権運営をした中核組織をヤマト王権と捉える。そして女王卑弥呼を支えた中心的な母体が、ヤマト王権の前身となる邪馬台国政権であると位置づけている。

「卑弥呼が登場する直前の列島は、『魏志』倭人伝に記された『倭国乱る』と呼ばれる状況にありました。列島内で実際にどれほどの戦乱があったのかを考古学的に証明するのは難しいですが、当時、力を持っていた北部九州勢力や瀬戸内・畿内以東の勢力圏など有力な地域が台頭し、互いに緊張関係にあったことは間違いないでしょう」

この時期、列島外にも目を向けると東アジア情勢も目まぐるしく変化している。2世紀後半以降、後漢王朝が衰退し、朝鮮半島北部の王朝支配の拠点であった楽浪郡を公孫氏が勢力下に収める。3世紀初頭には帯方郡を設置して、半島での影響力を強めた。

こうした国内外の混乱期に倭人社会を統合する必要に迫られたのは事実だろう。そこで有力地域の首長たちが、会盟（政治的な談合である「会合」を経て、さまざまな決まり事が決定され、各地の首長間で契約が結ばれること）し、彼らの合意の上に女王卑弥呼が共立されたという考え方が現在、有力視されている。

「ここで日本史上初の〝中央性〟という意識を持った政治権力、つまり邪馬台国政権が生まれたのだと思います。共立を画策した有力地域には北部九州や出雲、吉備などが挙げられますが、畿内勢力もそこに加わっており、むしろ畿内勢力を中心として、邪馬台国政権が生まれたと私は考えています。そして邪馬台国政権の発展に鏡の存在が深く関与していると思われます」

鏡が解き明かす邪馬台国政権の存在

そこでまず、我が国における銅鏡の歴史をひもといてみたい。弥生時代終末期から古墳時代前期にかけて約150年余りの間、列島内には画文帯神獣鏡や三角縁神獣鏡、斜縁神獣鏡《しゃえんしんじゅうきょう》など膨大な数の中国製神獣鏡がもたらされた。そこには葬送儀礼の器物《きぶつ》として列島内の首長がこぞって神獣鏡を求めたという現象があった。

「この時期、首長層の間で中国の神仙思想が急速に広がったと推測できます。不老長生を求めるこの思想は当時、永続的な支配と秩序を求める首長たちの願いにフィットしたのでしょう。それに伴って、神仙思想の世界をデザインした銅鏡もまた、威信財として重要なシンボルとなったはずです」

ここで注目したいのは、200年過ぎに流入がはじまったとされる画文帯神獣鏡の流入以前と以降で、型式学的に鏡の分布が大きく変わることだ。

画文帯神獣鏡以前の中国製銅鏡はまず北部九州に入り、この地域に特に多く分布していた。北部九州勢力が銅鏡の入手から配布まで、なかば独占的に管轄していたとみられる。一方、画文帯神獣鏡は明らかに畿内地域を中心に分布しており、畿内地域に本拠をおく勢力が意図的に画文帯神獣鏡を入手し、畿内を中心に配布したのではないかというのだ。そして、三角縁神獣鏡の時代になっても鏡の分布状況は畿内が中心となっている。「鏡という重要な威信財の分布状況から、邪馬台国政権は畿内勢力を主体にして成り立ったということの裏付けになるのではないでしょうか」

福永氏は邪馬台国政権の前半段階を「共立王」段階とし、この段階の王の威信財が画文帯神獣鏡だと捉えている。これは岡村秀典氏の提言（『邪馬台国の時代』木耳社）によるものだが、この説を後押ししたのが、1999年から2000年に行われた奈良県のホケノ山墳墓の調査だ。この時、少なくとも2面分の画文帯神獣鏡が見つかっており、出土の伝承がある2面を合わせると合計4面が副葬されていたことになる。

図1 卑弥呼政権期に流入した主な中国製神獣鏡

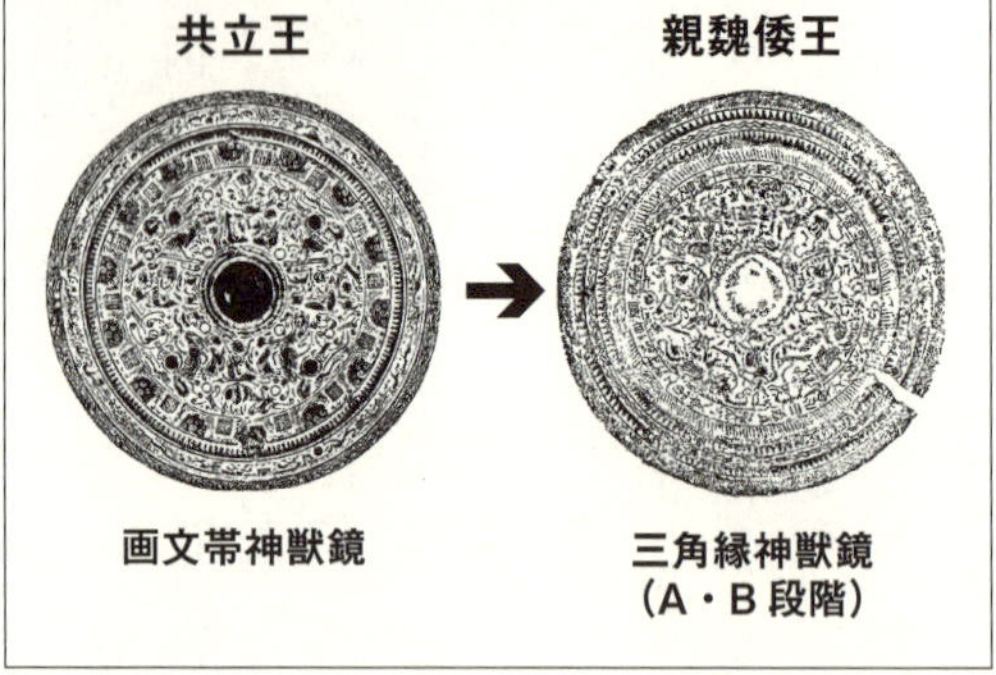

「画文帯神獣鏡は、史上初めて畿内地域を中心に現れた大陸の文物であり、弥生時代終末期の大和の有力者の墳墓であるホケノ山からこの鏡が見つかった意義は非常に大きいですね。共立王卑弥呼を中心とする邪馬台国政権は、画文帯神獣鏡を威信財の最上位とする体系を整えて、その権利を政権に集約しコントロールするという戦略を打ち出し、邪馬台国政権の第一歩を踏み出したのです」

邪馬台国政権の二段階の発展を支えた2種の鏡

では、「共立王」段階の次なる段階は？ となるとそれは『魏志』倭人伝にあるように、卑弥呼が魏の外臣《がいしん》、つまり「親魏倭王」の称号と魏の権威を得た240年以降を指すというのが福永氏の見解だ。

「前半を『共立王』段階、後半を『親魏倭王』段階として二段階に分けて捉えると邪馬台国政権の発展がよくわかります。前半の『共立王』の威信財は画文帯神獣鏡であり、後半の『親魏倭王』段階の威信財は間違いなく三角縁神獣鏡といえるでしょう」

三角縁神獣鏡とは、断面三角形の縁を有し、裏面には神仙世界の神獣像を配した大型の鏡を指す。『魏志』倭人伝には、景初3年（239）6月に女王卑弥呼は難升米らを帯方郡に遣わし、朝貢したとあり、この時、銅鏡百枚が卑弥呼に与えられたと記されている。

福永氏は三角縁神獣鏡と関連の深い、中国で製作された銅鏡の一種である規矩鏡《きくきょう》との比較や文様の変化過程を整理して、三角縁神獣鏡には大きく4つの製作段階があるとしている。さらに現在、三角縁神獣鏡と認められている約530面の銅鏡のうち、約400面が中国大陸から持ち込まれた中国産の舶載鏡《はくさいきょう》で、残りの約130面が舶載鏡を模倣して日本列島内でつくられた仿製鏡《ぼうせいきょう》とみている。
舶載三角縁神獣鏡の製作段階はおおよそA～Dの四段階に分類でき、A段階は２３９～２４０年、B段階は２４０年代、C段階は２６０年代、D段階は２７０～２８０年代の製作と考えられる（図２参照）。これらの段階を歴史的な出来事と照合するとA段階には卑弥呼の第１回遣使、B段階には２４０年代の卑弥呼、もしくは壱与《いよ》（台与）による複数回の遣使、C段階には魏王朝に後続する西晋《せいしん》初期の遣使、D段階には武帝《ぶてい》統治下の西晋に対する遣使（２７０～２８０年代）に、それぞれ対応する。鏡の製作年代と倭からの遣使のタイミングが見事に重なっていることがわかる（図３参照）。

図2 三角縁神獣鏡の変遷

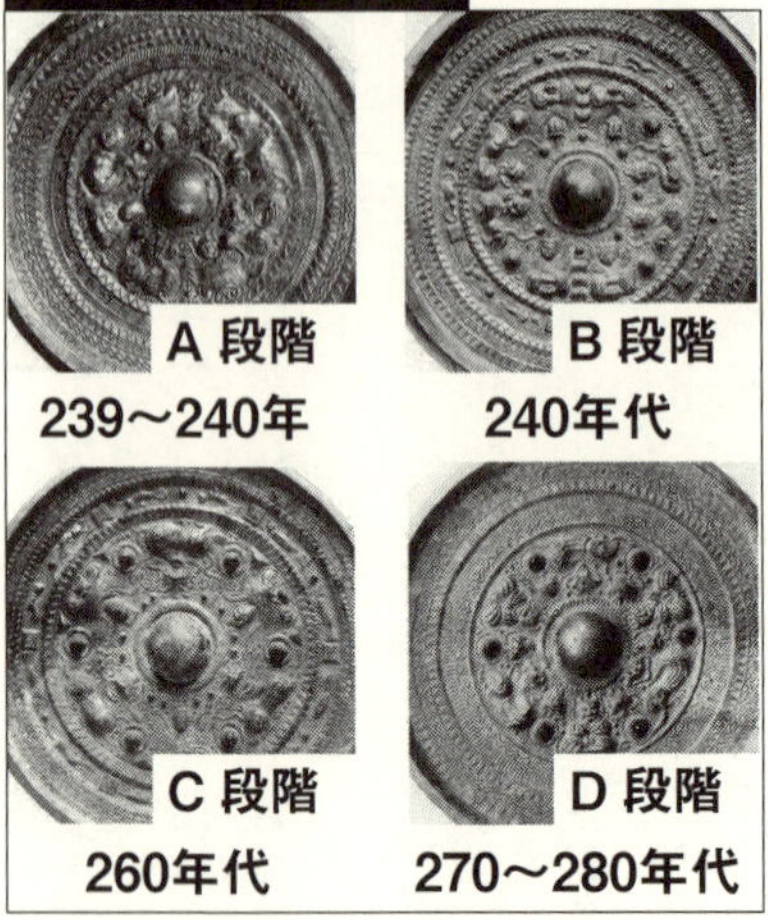

中国産の三角縁神獣鏡は製作された時期からA～Dに分類できる。

　こうして幾たびもの遣使の末、女王卑弥呼は中国魏晋王朝から冊封された正式な倭国王となる。そして邪馬台国政権の基盤をさらに盤石なものにして

図3 三角縁神獣鏡の製作と配布時期

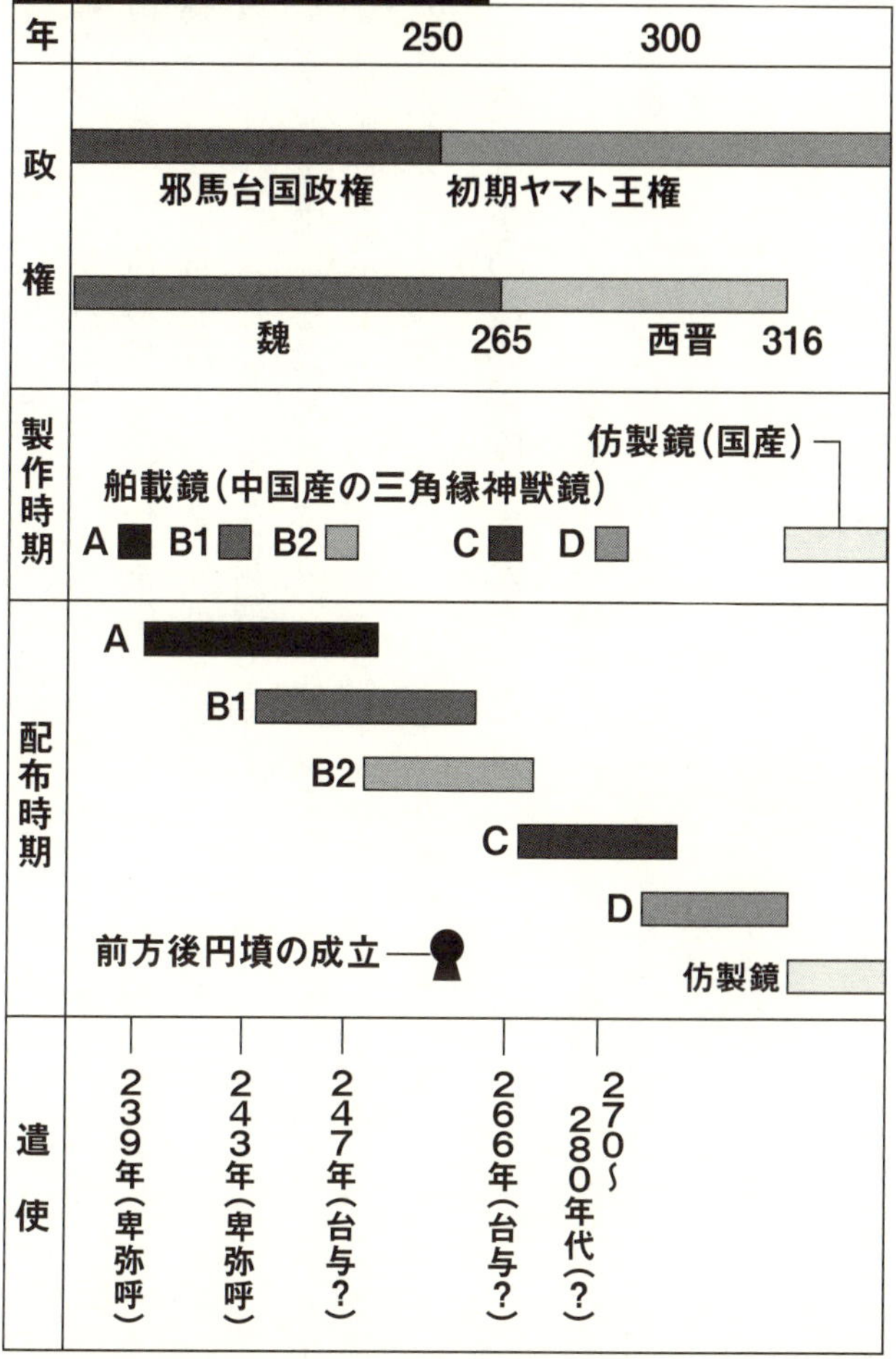

A〜Dの三角縁神獣鏡は、中国での製作→倭国からの遣使→日本における配布の順となっていることがわかる。

いくための重要戦略は各地域の首長たちと政治的同盟関係を結ぶことであり、その際の最強の切り札、有効打となったのが魏との友好の証、三角縁神獣鏡だったのだろう。

画文帯神獣鏡と同様に、三角縁神獣鏡もまた邪馬台国政権が独占的に入手し、各地の首長に配布したと思われるが、新たな威信財を駆使して、政権に優位な同盟関係が列島各地で結ばれていったことが容易に想像できる（図4参照）。

「こうして従来の地域性の枠を破り、大国・魏を後ろ盾にして明確な中心性をもつ巨大な首長連合が誕生しました。今までとは明らかに次元の異なる政治権力、ここにきてようやく初期ヤマト政権と呼ぶべき、圧倒的な中央政権が出現したといえます」

卑弥呼死す。その後の倭国が進んだ道とは

列島史上初の倭人全体の王となり、長きにわたって政権を統治した卑弥呼だが、240年代後半、邪馬台国政権と狗奴国の間に熾烈な争いが起こり、邪馬台国側に有利なかたちで収拾するもののこの抗争の直後に彼女は亡くなったとされる。偉大な王の死は即政権の危機につながる。政権運営側としては王の死を乗り越えて、ヤマト政権の力を確かに継続させることが急務となったはずだ。

彼らがとった方法は、偉大な女王の葬送において、今まで人々が見たこともない圧倒

図4 画文帯神獣鏡（上）と三角縁神獣鏡（下）の分布

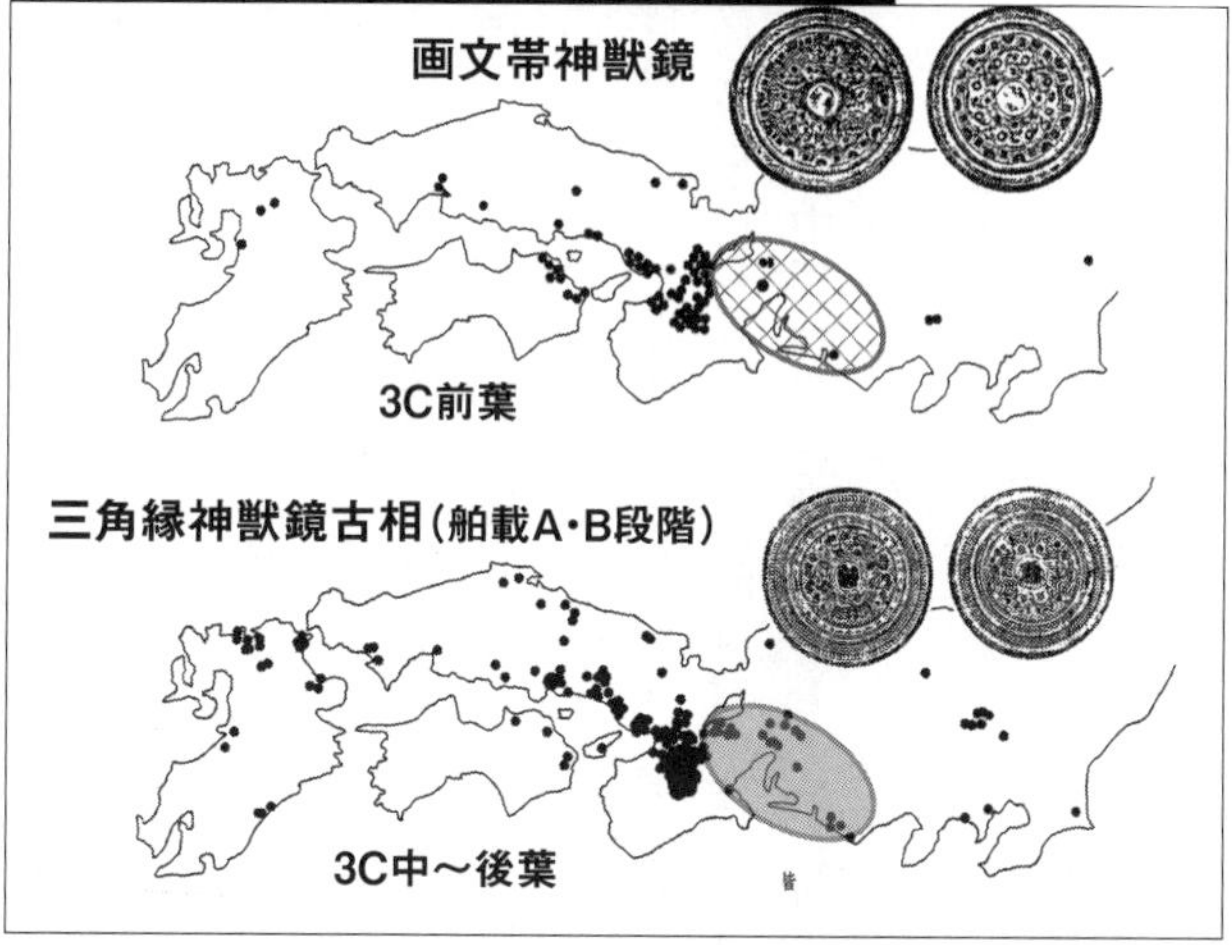

斜線の楕円部分は狗奴国の勢力範囲の可能性がある地域で、邪馬台国政権との間で確執や抗争があったとされる。
※図表はすべて「日本考古学協会 公開シンポジウム」をもとに作成

的な規模を持つ、比類なき墳墓を築くことだった。

「箸墓古墳は先行するどの墳墓よりも大きく圧倒的な規模を持って大和の地に登場します。正円形の後円部と後円部と同じ長さの前方部を有し、見事な段築や葺石を備え、さらには特殊器台や特殊器台形埴輪が出土し、墳頂には板石を用いた竪穴式石室の存在が推定されます。これ以降の巨大古墳に引き継がれていく要素をパーフェクトに備えた箸墓古墳は、その後の前方後円墳スタンダードとなる画期的な古墳だといえます」

画期、つまり、もうここから後

戻りはできないという一線を越えて、箸墓古墳以降、我々の祖先は古墳時代へと歩みを進めていった。前方後円墳はその後、約350年の長きにわたって列島内に築造され続けることになる。

ヤマト政権は戦争や征服によって成立した政権ではないといわれている。ゆえに、現代の我々が見ても、新鮮で圧倒されるような〝巨大な前方後円墳〟によって人心を掌握し、社会関係の秩序を表現していく必要があったのではないかと福永氏はいう。

「国家形成へと向かう段階で350年もの間、気の遠くなるようなエネルギーを葬送儀礼と古墳築造に注ぎ、古墳に社会秩序を語らせた国は日本以外では類例を見ません。卑弥呼共立という出来事から、国内社会の統合システムが成熟しないまま、早熟な政権を形成し、東アジアという国際舞台へ登場せざるを得なかった倭国の姿が浮かび上がってきます。その中で三角縁神獣鏡などの鏡は最高位の工芸品として、王をはじめとする盟主など有力者の間で大切なシンボルとして与えられ、受け取られ続けてきました。どこからどんな鏡が出土したのかという情報は古代・倭国の政治的、地域的な大規模ムーブメントを現代に伝えるもので、日本の国家形成の謎を解く有力な情報になり得るのです」

今は静かにそこに在る鏡だが、考古学の力をもってひもといていけば、一枚一枚の鏡が壮大な歴史を雄弁に物語ってくる。その声に真摯に耳を傾けるべきなのだろう。

第５章

大王・卑弥呼ともう１人の大王

卑弥呼政権には2人の大王がいた

墳形からわかる2系列の王統

卑弥呼の後継として共立された台与は、泰始2年（266）、西晋に朝貢した。その後について少しではあるが、『梁書』倭伝や『北史』東夷伝に記されている。これらによると卑弥呼の死後に男王が立てられたが、国中が服属せずに互いに殺し合うことになった。そこで、卑弥呼の宗女・台与が再び立てられた。ここまでは『魏志』倭人伝と共通する。

『梁書』倭伝や『北史』東夷伝ではその後、再び男王が立てられたとあり、さらに並んで中国から授爵されたとある（「竝受中国爵命」）。この竝受（並んで受ける）は、その後の男王も台与と同様に授爵されたと読むのが一般的だが、台与と男王が同時に授爵されたとも読み取れる。だとすれば、女王と男王が並立して統治していたことになる。

大阪公立大学大学院文学研究科教授の岸本直文氏は、前方後円墳のフォーマットが完成した箸墓古墳以降の6基の前方後円墳の墳形を分析した。墓制の共有は同一文化圏に属していることを示し、同一の墳形を共有・継承することは、人々に目に見える形で首長の権威と正統性を示すことになる。

6基の前方後円墳はいずれもオオヤマト古墳群に属するが、初瀬川を挟んでやや離れた位置に2つに分かれており、王都があった纏向遺跡に近い磯城《しき》・山辺《やまのべ》地域の4基（箸墓・西殿塚・行燈山《あんどんやま》・渋谷《しぶたに》向山《むかいやま》）と、伊勢・東海へとつながる大和街道の出入り口にあたる磐余《いわれ》地域の2基（桜井茶臼山《さくらいちゃうすやま》・メスリ山）がある。

一方で6基の前方後円墳の墳形を分析すると、箸墓古墳をベースとする主系列（箸墓・西殿塚・行燈山）と副系列（桜井茶臼山・メスリ山・渋谷向山）に分かれていることがわかった。ここから岸本

箸墓古墳　桜井市教育委員会 提供
日本で最初に誕生した巨大前方後円墳で、墳丘長は約290メートルある。7代孝霊天皇の皇女・モモソヒメの陵墓に比定されているが、卑弥呼の墓とする説がある。

氏は、卑弥呼・台与の系列の神聖王とともに、軍事・政治面を担当する執政王の2人の王が並立して存在していたとしている。

神聖王・卑弥呼と執政王だった男弟

こうした2人による二重統治体制が卑弥呼政権にあったことが、『魏志』倭人伝に記されている。卑弥呼についての説明として、鬼道に通じ、年をとっても夫を持たなかったが、弟がおり国を治めるのを補佐した（「有男弟佐治国」）とある。つまり神聖王である卑弥呼とともに、執政を担当する男弟（執政王）がいたことが示唆されている。また卑弥呼が共立する前には、男王がいたことも記されている。

築造年代から、箸墓古墳を卑弥呼の墓とした場合、同系列の西殿塚古墳は台与の墓ということになる。さらに4世紀初頭に造営されたと考えられる行燈山古墳は10代崇神天皇の陵墓に比定されている。崇神天皇は、その諡号の通り、多くの神祀りを行った天皇であり、神聖王としての側面が強い。

桜井茶臼山古墳の副葬品として武具などが出土しており、執政王としての性格がうかがえる。造営年代は台与の墓と考えられる西殿塚古墳より少し前の時期だ。ここから、卑弥呼とともに政権運営を行った男弟（執政王）、あるいは卑弥呼の死後に一時的に立

桜井茶臼山古墳　桜井市教育委員会 提供
墳丘長約204メートルの巨大前方後円墳で、段築は後円部3段、前方部2段になっている。

てられた男王だったとも考えられる。

メスリ山古墳は行燈山古墳の少し前の造営で、崇神天皇の時代に地方を征討した四道《しどう》将軍が被葬者の可能性がある。また渋谷向山古墳は12代景行天皇の陵墓に比定されている。景行天皇も九州に遠征した天皇で、息子のヤマトタケルは全国を征討した人物だ。

オオヤマト古墳群の系列分析からは、祭祀と執政を分掌した2人の大王の姿が見えてくる。3世紀後半の崇神天皇をヤマト王権の初代大王とする見方が多いが、卑弥呼は2人いたヤマト王権の初代大王の1人だった可能性がある。

北部九州系の神聖王と吉備系の執政王

吉備主導で進められたプレ倭王権

卑弥呼が実権のない共立王から、王の中の王＝大王となったのは、「親魏倭王」という中国王朝の権威を持ってからだと考えられる。そのため、本書では、ヤマト王権の成立を卑弥呼が「親魏倭王」となった239年として論を進める。ただし、3世紀後半の成立とする定説におけるヤマト王権との混同を避けるため、中国王朝から倭国王と認定された政権という意味で、以降は卑弥呼・台与政権を「倭王権」、卑弥呼の共立王時代を「プレ倭王権」と記述する。

『魏志』倭人伝では、「親魏倭王」の授爵は卑弥呼のみであり執政王は登場しない。しかし、これはあくまでも中国王朝側からの見方だからだろう。『魏志』倭人伝には「卑弥呼を見たものは少なく、婢（下女）千人が身辺を警護し、ただ1人の男子が飲食を給し、女王の言葉を伝えるのに居所に出入りした」とある。この男子は国の統治を補佐し

画文帯神獣鏡　奈良県立橿原考古学研究所 提供（阿南辰秀 撮影）
プレ倭王権の時代に威信財として用いられた画文帯神獣鏡は、北部九州では少なく、畿内や吉備などで多く出土した。

た男弟だろう。実質的に卑弥呼1人では国の統治は行えない体制だったことがうかがえる。

　ではなぜ、1人の王による統治ではなく、二重統治体制をとったのか。ここにはプレ倭王権成立が背景にある。「第一次倭国乱」で吉備を中心とする瀬戸内海中部勢力と畿内が結びついたのちに、「第二次倭国乱」を経て北部九州が加わり、卑弥呼が共立された。卑弥呼の出自はわかっていないが、画文帯神獣鏡を用いた統治は、鏡を副葬品として用いていた北部九州の祭祀文化に通じる。また平原1号墓に埋葬された伊都国王は、副葬品から女性と考えられており、伊都国が伝統的に女王を持つクニでもあった。また北部九州は大陸との交流が活発であり、儀礼に通じている。ここから卑弥呼は、北部九州勢力を後ろ盾とする人物だったのではないかと考えられる。

では、執政王である弟男をどう見るか。これは瀬戸内海中部・畿内の勢力、特に吉備が後押しする執政王だったのではないだろうか。吉備は「第一次倭国乱」によって軍事力を増強し、楯築墳丘墓に見られるような大規模な土木技術を持っている。吉備・畿内は、大規模な公共事業を行う行政力と狗奴国に対抗する軍事力を擁していた。画文帯神獣鏡の分布からプレ倭王権をリードしたのは、吉備・畿内の勢力だったことがわかる。ここから当初は、男性執政王がプレ倭王権を主導したと考えられる。こうして瀬戸内海中部の墳墓を起源とする前方後円形の首長墓が、プレ倭王権に参画した地方で造営された。

外交成果による北部九州の巻き返し

これに対して、北部九州は外交力によって、神聖王・卑弥呼のプレ倭王権内での地位向上を図った。そして、公孫氏の妨害によって停滞していた中国王朝との外交は、238年に公孫氏が魏に滅ぼされたことで再開されることになった。プレ倭王権の外交を一元管理していたのが北部九州である。卑弥呼を倭国の女王、男性執政王を「男弟」とする中国王朝の見方は、北部九州が外交を行ったため、あえて男性執政王が低い立場とし

纒向遺跡（辻地区建物跡）　桜井市教育委員会 提供
卑弥呼の居所があったとされる纒向遺跡からは大規模な建築物群が発見されている。

たのではないか。そして、「親魏倭王」の授爵によって神聖王・卑弥呼は男性執政王を上回る権威を獲得し、北部九州の地位は向上したのである。

卑弥呼の死後、すぐに男王が立てられたが、これは男性執政王がいたからだろう。しかし、倭王権では北部九州勢力が優勢だったため、卑弥呼の「宗女」である台与が立てられたと考えられる。

『梁書』倭伝や『北史』東夷伝にある「並んで中国から授爵される（「竝受中国爵命」）は、カリスマ的な卑弥呼から経験が乏しい台与が神聖王となったことで、北部九州と吉備・畿内勢力の地位が拮抗した現れとも読み取れる。

『日本書紀』から読み解く二重統治体制

もう1柱の至高神タカミムスヒ

神聖王と執政王の二重統治体制は『日本書紀』にも反映されている。『日本書紀』はプレ倭王権成立から400年以上もあとの8世紀前半に編纂されたものである。『日本書紀』は対外的に日本が文明国であることをアピールするための正史であり、二重統治体制は都合が悪い。そのため、天皇は代々1人であり、連綿と皇統が継承された「万世一系」となっている。しかし『日本書紀』には、初代神武天皇以前の時代である神話の世界では、二重統治体制が描かれている。

天皇家の祖先とされるのは一般的にアマテラスのイメージがある。しかし、『日本書紀』にはアマテラスのほかにタカミムスヒという神が天上世界の神々に司令をしている。タカミムスヒは世界に最初に誕生した3柱の神々の1柱である。これに対して、アマテラスは地上世界（日本列島）を生んだイザナキとイザナミの子である。「格」としてはタカミムスヒの方が上に思われる。そのためタカミムスヒが天皇家のもともとの至高神だったとする説があり、アマテラスが重要視されるようになったのは、記紀が編纂されていた7世紀後半の天武・持統朝だったともいわれる。

天孫降臨を主宰した2柱の司令神

記紀に記された日本建国のストーリーは、一般的なイメージとしては次のようなものだろう。アマテラスの孫のニニギが三種の神器や稲穂を授けられて地上世界の統治を命じられ、九州南東部の高千穂《たかちほ》に降り立つ。そのひ孫のイワレヒコが大和の地が統治にふさわしいことを知り神武東征を行い、大和へ至り初代天皇として即位する。

『日本書紀』には「一書《あるふみ》」として、本文以外に異伝を掲載し

『古事記絵詞』（神代絵・部分）
堀江友声 画　山辺神社 蔵
Photo：Gakken / DNPartcom
記紀では、アマテラスとともにタカミムスヒが司令神として描かれており、二重統治のような体制になっている。

ている。ニニギに地上世界の統治を命じたのは、『日本書紀』の第一の一書のみで、本文とほかの一書ではすべてタカミムスヒが司令をしている。また神武東征では、イワレヒコが熊野でピンチの際には、神剣を地上世界に送ったり、八咫烏《やたがらす》を派遣して道案内をさせたりしている。

またアマテラスは弟のスサノオの暴虐に恐れを抱いて、天岩戸《あまのいわと》に隠れてしまうが、この時、アマテラスを再び外に出す儀式を主導したのは、タカミムスヒの息子であるオモイカネという神だった。タカミムスヒは、軍事と政治を司る執政王の性質と共通する点が多い。

ニニギの父はアマテラスの息子のアメノオシホミミ、母はタカミムスヒの娘のタクハタチヂヒメである。つまり、ニニギはアマテラスとタカミムスヒの孫ということになる。こうした神話は、神聖王と執政王が統合し、「天皇」となっていく過程を象徴的に残したものとも考えられる。

このタカミムスヒとアマテラスの2柱の司令神の並立は、現在にも引き継がれている。伊勢神宮の祭神は、アマテラスが宿る八咫鏡とされるが、もう1つ、心御柱《しんのみはしら》と呼ばれるものがある。心御柱は御神体を祀る直下の地中に埋められる柱といわれる。伊勢神宮では、20年に一度、式年遷宮と呼ばれる社殿と宝物の造替が行われる。そのため、社

伊勢神宮 内宮 古殿地
式年遷宮では全く同じ建物が隣の土地に建てられる。かつて正殿があり心御柱が埋められるとされる場所は覆屋(写真右)で隠されている。

殿の隣には同じ広さの敷地が設けられ、式年遷宮時には同じ建物が隣の敷地に造営される。その際、心御柱が埋められる場所には覆屋が設けられ、人目に触れないようにされている。

タカミムスヒは高木神とも呼ばれる神であり、この心御柱こそ、タカミムスヒが宿る御神体とする説もある。プレ倭王権にはじまる二重統治体制の名残は、祭祀という形で伝承されていったとも考えられる。

八咫鏡は北部九州の鏡だったのか

平原1号墓の超大型の内行花文鏡

天皇（大王）が統治するためのレガリア（正統性を証明する継承宝物）が三種の神器である。三種の神器とは、八咫鏡、八尺瓊勾玉《やさかにのまがたま》、草薙剣の3つの神宝で、鏡、剣、玉の組み合わせは北部九州の副葬品に見られる特徴である。福岡県福岡市の吉武高木遺跡からは、多紐細文鏡《たちゅうさいもんきょう》、ヒスイの勾玉、青銅製の武器などが副葬品として出土した。これらは紀元前2世紀のもので、鏡・玉・剣の組み合わせの最古の例とされる。

三種の神器は、ニニギが地上世界へ降臨する際にアマテラスから授けられる。その際、アマテラスはニニギに3つの神勅（神の命令）を授けている。1つ目はニニギとその子孫が代々、地上世界を治めること（天壌無窮《てんじょうむきゅう》の神勅）。2つ目は、八咫鏡をアマテラスだと思って大切に祀ること（宝鏡奉斎《ほうきょうほうさい》の神勅）。3つ目が三種の神器とともに授けた稲穂を大切に育てること（斎庭《ゆにわ》の稲穂の神勅）である。ここから三種の神器の中でも特に八咫鏡が重要視されていたことがわかる。北部九州の太陽信仰について前述したが、その象徴となるものが平原1号墓から出土した超大型の内行花文鏡である。

平原遺跡の発掘調査を行った考古学者の故・原田大六氏は、この超大型内行花文鏡の円周が約146センチで、これが八咫（約147センチ）に近似することを挙げた。また内行花文鏡は、鏡の中心に半円状の八葉座があり、太陽の光が八方に広がるような図柄となっている。伊勢神宮の文献に八咫鏡の文様が「八頭花崎八葉形」とあり、内行花文鏡の記述と類似している。さらに八咫鏡を納める箱の内径が1尺6寸（約49センチ）とあり、平原1号墓の内行花文鏡（直径約46・5センチ）がぴったり収まるサイズになっている。こうしたことから原田氏は、平原1号墓の超大型内行花文鏡が八咫鏡と同型と主張した。

三種の神器の中でも八咫鏡は北部九州を象徴するレガリアだったと考えられる。北部九州を後ろ盾とする卑弥呼が鏡を威信財として用いたのも、鏡を神聖視する伝統があったからだと考えられる。

内行花文鏡　国（文化庁）所蔵
伊都国歴史博物館 提供
平原遺跡から出土した直径約46.5センチの内行花文鏡は、円周が「八咫」に近いとする説もあり、八咫鏡の同型の鏡ともいわれる。

脱・中国王朝を目指した桜井茶臼山古墳の執政王

約2000キロの水銀朱を使用

大阪公立大学大学院文学研究科教授の岸本直文氏が最初の執政王の王墓としたのが桜井茶臼山古墳だが、近年、この古墳で新たな発見が相次いでいる。岸本氏が分析した主系列の箸墓・西殿塚・行燈山と副系列の渋谷向山は宮内庁によって陵墓（皇族の墓）とされているため、立ち入りが厳しく制限され、大々的な調査が行われていない。残りの桜井茶臼山古墳とメスリ山古墳（いずれも副系列）は陵墓に比定されていないが、いずれも200メートルを超える大型の前方後円墳である。日本には10万基もの古墳が残っているが、200メートルを超える古墳は40基ほどしかない。

桜井茶臼山古墳は墳丘長約204メートル、後円部の直径約110メートルあり、大王墓と考えられている。平成21年（2009）の調査では、石室内の壁、天井、床に至るまで全面が水銀朱で塗られていた。水銀朱は見えない部分にまで塗布されており、使用された水銀朱の総量は約２００キロと推定されている。水銀朱は硫化水銀からなる鉱物・辰砂《しんしゅ》（丹《に》）を粉末にしたもので、『魏志』倭人伝には倭国で丹が産出されることや皇帝に丹が献上された記録がある。桜井茶臼山古墳の水銀朱に同位体分析を行ったところ、大和水銀鉱山（奈良県宇陀市）で産出される辰砂に近いことがわかった。

宇陀は熊野方面から奈良盆地に入る要衝で、記紀では神武東征の際に八咫烏の導きによってイワレヒコ一行が宇陀に入り、この地にいた豪族を征討して大和入りをしている。イワレヒコは大阪に上陸した際にナガスネヒコと戦い、大きな損害を受けたことから紀伊半島を迂回して熊野から北上したことになっている。この不自然な進軍ルートは熊野地方に

桜井茶臼山古墳の石室
毎日新聞社 提供
平成21年（2009）の調査では、石室の全面や見えない部分にまで水銀朱が塗布されており、その総量約200キロと推定される。

あった鉱物資源獲得の歴史をあらわしているとも考えられる。大和水銀鉱山の水銀朱の大量使用は、執政王の王墓と考えられる桜井茶臼山古墳の人物像と合致する。

大量の銅鏡が出土した桜井茶臼山古墳

この時の調査では、鉄製武器や石製品が大量に出土した。中でも多かったのが割れた状態で見つかった鏡の破片である。令和2年（2020）から令和5年（2023）にかけて、合計385点あったこれらの鏡片に高精度化した3次元計測を行い、国内出土銅鏡の3次元画像データと照合したところ、少なくとも103面以上の銅鏡だったことが判明した。

銅鏡の出土例としては段違いで、これまで10面以上出土した前期古墳は17例しかない。またそれまで最多だった平原1号墓の40面を大きく上回る数である。さらに鏡は破砕されたものではなく、もともと完全な形だったという。

桜井茶臼山古墳の鏡は、画文帯神獣鏡、内行花文鏡など各種の中国鏡が56面以上、三角縁神獣鏡が26面以上、国産鏡が21面以上となっている。中国鏡の多くは後漢時代のもので、直径20センチ前後の大型のものが多い。三角縁神獣鏡も22センチ前後と大型鏡に分類される。国産鏡には初期段階の内行花文鏡や鼉龍鏡《だりゅうきょう》などで、直径20センチ以上の大型鏡だけでなく、30センチ台にもなる超大型鏡もあった。

桜井茶臼山古墳が造営された3世紀後半は、鏡の国内生産が本格化したばかりの段階で、中国鏡の一部はそのお手本となったものと考えられる。鏡の国産化の初期段階で、その出土量は圧倒的である。さらに桜井茶臼山古墳から出土した石製品や鉄製武器なども特殊な器物が見られ、新たな副葬品の創造が試みられたと考えられる。

奈良県立橿原考古学研究所学術アドバイザーの岡林孝作氏は、桜井茶臼山古墳の被葬者は、原材料を大量に集め、多くの技術者を確保・編成し、各種器物の大規模な国産化を進め、水銀朱をはじめ資源開発も積極的に推進した人物としている。

魏から下賜された銅鏡百面に代表されるように、倭王権は中国の権威と器物に頼った政権だった。このことは卑弥呼と台与が朝貢を積極的に行っていたことからもわかる。一方、266年以降は朝貢が行われなくなったのは、桜井茶臼山古墳の出土品に見られるように、新たな文化の創出とこれまで輸入に頼っていた鏡の国産化などが進められたからとも読み取れる。そして、これを主導したのが副系列の桜井茶臼山古墳の被葬者、すなわち執政王だったのだろう。神聖王・台与の時代に共立した執政王は、外国依存から国産化を促した人物だったのだ。そしてこの人物こそ、『梁書』倭伝や『北史』東夷伝にある「並んで中国から授爵」された男王だったと考えられる。

インタビュー③

初期ヤマト王権の大王は2人いたのか
前方後円墳共有システムと祭政分権王制の真実

ヤマト王権には実は聖俗2人の王がいた……？　オオヤマト古墳群を代表する巨大な前方後円墳6基の特徴から、初期ヤマト王権の古墳が2系列に分かれることが判明し、そこから読み解く2王体制について大阪公立大学大学院文学研究科教授の岸本直文氏に具体的に解説してもらった。

大阪公立大学大学院
文学研究科 教授
岸本直文（きしもと・なおふみ）

1964年兵庫県生まれ。1990年、京都大学大学院文学研究科修士課程修了、翌年、同博士課程退学。奈良国立文化財研究所、文化庁文化財保護部記念物課を経て、2000年から大阪市立大学、2022年より現職。主な著書に『史跡で読む日本の歴史２古墳の時代』（吉川弘文館）、『倭王権と前方後円墳』（塙書房）、『難波宮と大化改新』（編著、和泉書院）などがある。

取材・文／郡 麻江

箸墓古墳が起点となる前方後円墳共有システム

古墳時代には前方後円墳をはじめとして、さまざまな形や大きさの古墳が10万基以上、列島の広い範囲に築造された。巨大な倭国王墓から地域の首長墓に至るまで、膨大な労力がかかったはずだが、我々の祖先は古墳を築くことに重要な意味を見出していたのだろう。

「古墳時代は稲作農耕を基盤とした弥生時代の地域の枠組みをはるかに超えて、列島規模で政治的な社会が形成された時代といえます。弥生時代後期にすでに大型の王墓がいくつかの地域で発達しましたが、古墳時代になると前方後円墳を統一的な墓制として定め、列島規模で共有するようになります。その時代のトップ＝倭国王の前方後円墳を頂点として、地域の首長が同じ墳丘型式を模倣した類型墳を築造する関係が構築され、私はこれを『前方後円墳共有システム』と呼んでいます」

箸墓古墳　桜井市教育委員会 提供
箸墓古墳は、列島最初の巨大古墳として纒向の地に築造された.

箸墓古墳（奈良県）を一例にとってみると、箸墓古墳の約1／2規模では黒塚古墳（奈良県）や浦間茶臼山古墳（岡山県）が挙げられ、他にも約1／3規模の西求女塚古墳（兵庫県）、約1／4規模の宍甘山王山古墳（岡山県）、1／6よりやや大きい備前車塚古墳などの模倣関係がわかる。古墳の墳丘規模の測定法にはさまざまな考え方があるが、岸本氏は箸墓古墳築造当時、日本にすでに伝わっていたと考えられる古代中国の尺度＝漢尺（1尺＝約

23・1センチ）をベースに、人の歩幅に基づいて1歩《ぶ》（1歩＝6尺、人の約2歩《ほ》分の長さ）＝1・386メートルとして換算する方法をとっている。図1では、歩数《ぶすう》を使って基準となる箸墓古墳を200歩とし、箸墓古墳を模倣したと考えられる各地の古墳のおおよその墳丘規模を示しているが、墳丘規模の大小により序列化されているのがわかる。

「『前方後円墳共有システム』では、墳丘の設計やデザインにおいて更新を繰り返し、それは地方にも波及するようになりました。倭国王の墳形を規範とする前方後円墳の築造が繰り返されることは、倭国王と各地の首長の政治的関係が一代ごとに更新されることを意味します。このことは首長自身が生きている間に自らの墓＝前方後円墳を築造する、つまりそれは倭国王との政治的関係を受け入れるという意思表明になります。また倭国王からすれば、倭国の運営のために政治的関係を結ぶ相手は、亡くなってしまった先代の首長ではなく、その時点で生きている首長であるべきです。前方後円墳の築造は目の前にいる相手との現実的な関係を表現するものであり、そういう意味で生前造墓と考えていいのではないでしょうか」

そして岸本氏は倭国王と直接的な関係を結んだ有力首長が生前造墓として類型墳を築造するとともに、今度は自分たちの地域内で類型墳をモデルとして、二次的な類似墳が築造されていったと考えている（図2参照）。

図1 箸墓型前方後円墳の墳丘規模との比較

古代中国の尺度を使って、1歩（人の約2歩分の長さ）1386メートルを単位として箸墓古墳の類型墳の墳丘規模を比較。その大小から序列化されているのがわかる。
※（　）は箸墓古墳と比較した場合のおおよその規模

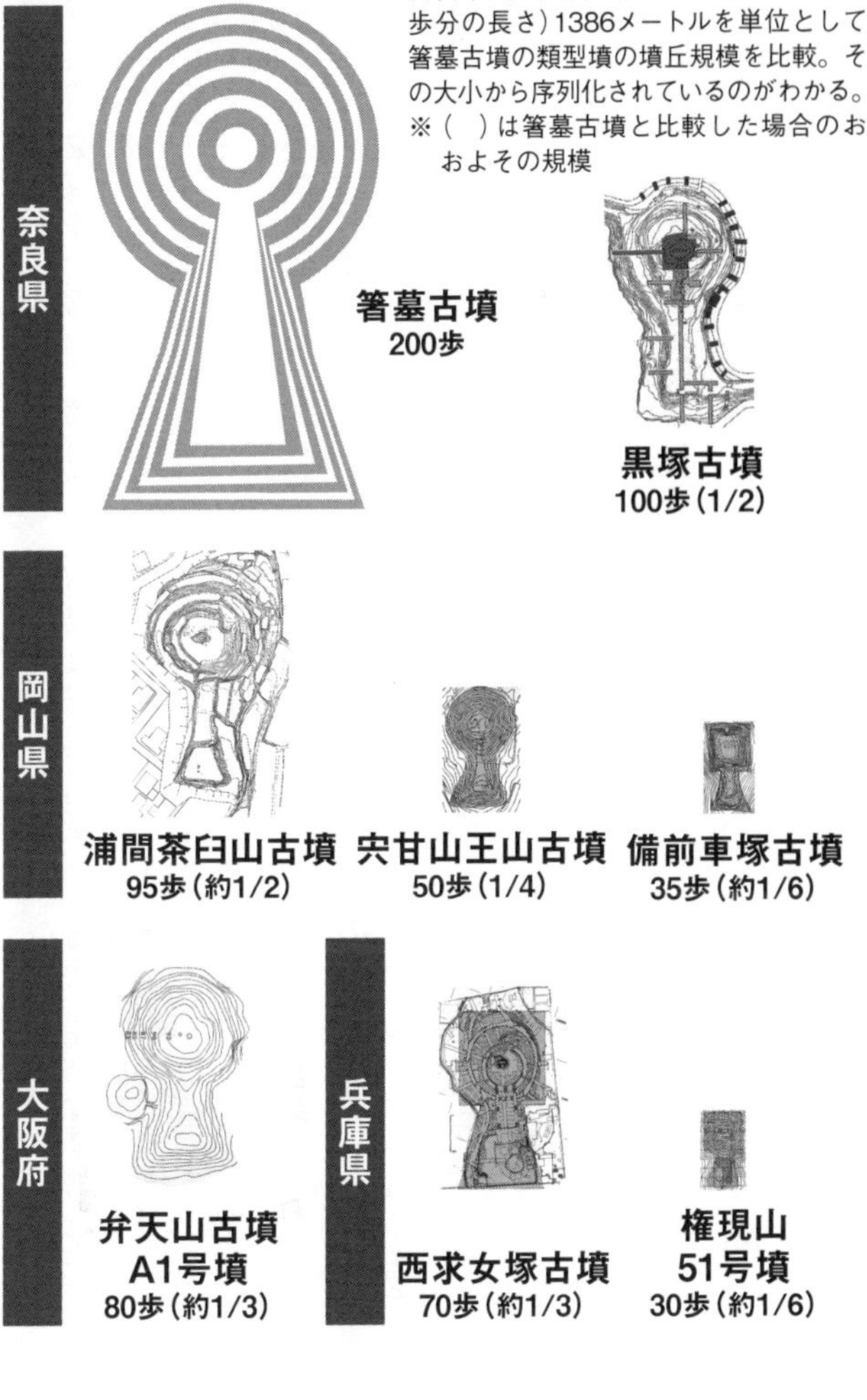

畿内勢力が主導する首長層の連合を「倭国」とすれば、そのトップは「倭国王」であり、さらに「倭国王」を擁する畿内勢力は、倭国を統制する中央権力となる。その権力である「倭王権」が、列島を統合していくために採用したのが、この前方後円墳共有システムだったと岸本氏は論じる。

「このシステムにおいては、倭王権が規範を打ち出す側で、地域首長はそれを受け入れる、つまり統制される側という政治的な関係がくっきりと見えてきます。この関係を固定化することで、倭王権＝中央権力という体制を確立したのでしょう。倭国王・卑弥呼の墓といわれる箸墓古墳にも類型墳は存在しますから、当然、箸墓古墳も生前造墓だと考えられます。前方後円墳共有システムは、卑弥呼の生前、箸墓古墳の築造とともに計画され、スタートしたのではないでしょうか」

オオヤマト古墳群の2地域に分かれて築造された6基の主要古墳

「オオヤマト古墳群の代表的な前方後円墳6基の墳形や段築などを比較すると、大きく2系列あることがわかったのです。また、それぞれの古墳に模倣墳といえる類型墳が存在しており、倭王権の権力構造を考える上で非常に重要だといえます」

代表的な6基とは、磯城・山辺地域の箸墓古墳（約280メートル）、西殿塚古墳

図2 生前造墓のあり方

各地の有力首長は、自らの首長墓として生前に倭国王の墓の類型墳をつくり、さらに地域の中でも二次的な類似墳が造営された。

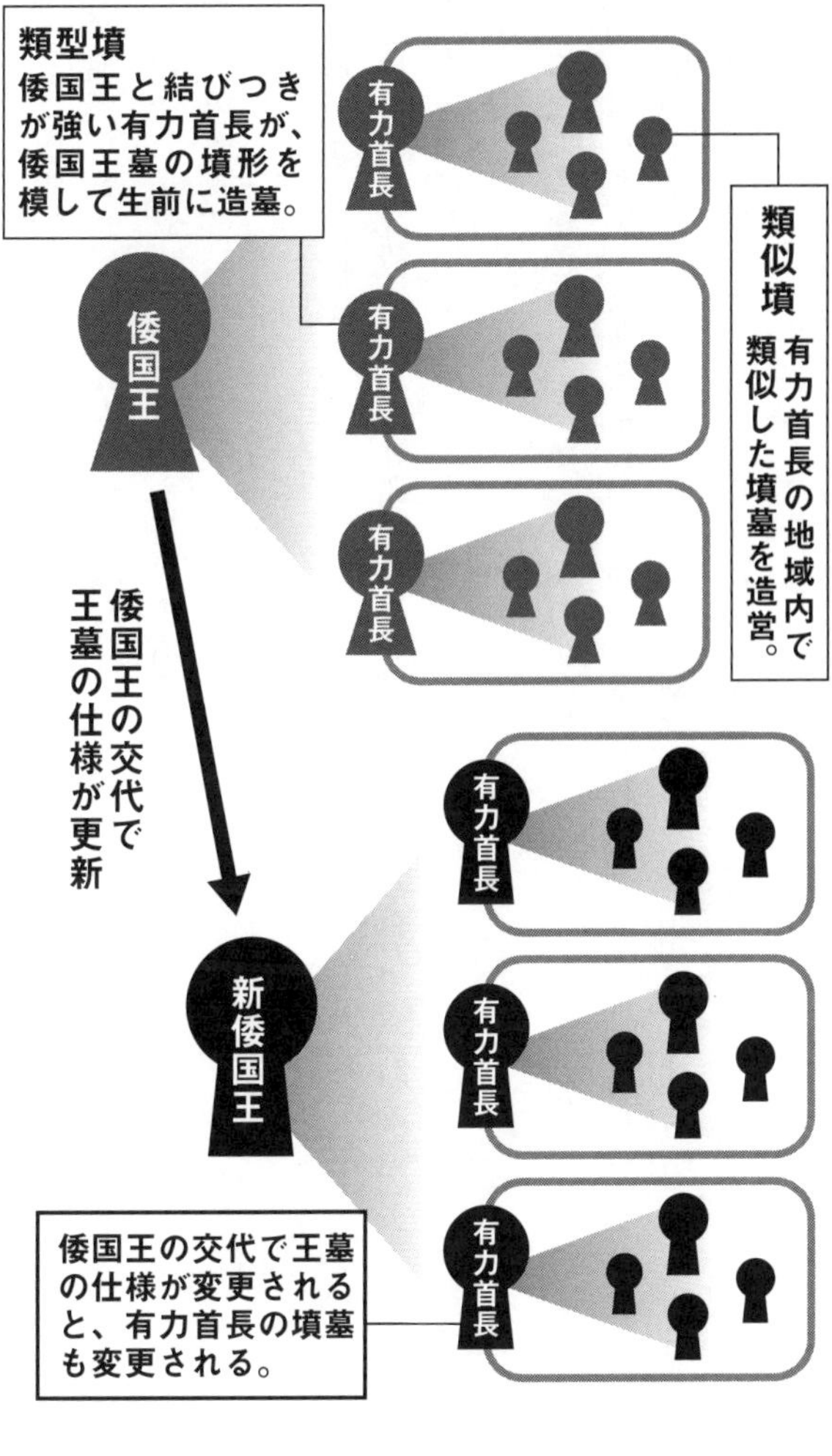

（約220メートル）、行燈山古墳（約250メートル）、渋谷向山古墳（約300メートル）、また磐余地域に桜井茶臼山古墳（約200メートル）やメスリ山古墳（約230メートル）があり、いずれも巨大古墳だ。

岸本氏にそれぞれの古墳の特徴を挙げてもらった。

【磯城・山辺地域】

●箸墓古墳

最古の巨大古墳で倭国王墓といわれている前方後円墳で、前方部は撥《ばち》形になっている。墳丘は後円部4段、前方部4段の段築を備えている。都月《とつき》型の特殊器台型埴輪や二重口縁の壺形土器が出土している。

●西殿塚古墳

丘陵の斜面に築造されているため、左右が非対照となっている。西殿塚古墳は箸墓古墳より規模は小さいが、後円部に対する前方部の長さや、前方部の幅など、形状の大枠を箸墓古墳から継承しているという。また段築は後円部3段、前方部3段で、これは箸墓古墳の後円部4段、前方部4段から変化を遂げたとみていいそうだ。

●行燈山古墳

前方部が短く、形状は箸墓古墳・西殿塚古墳ともに異なるが、後円部の直径が約16

0メートルで箸墓古墳とほぼ等しい。また西殿塚古墳と同じ3段築成となっている。

●渋谷向山古墳

最下段を基壇とすると後円部3段、前方部2段で前述の3基とは墳丘の構造が異なる。行燈山古墳とは後円部の直径がほぼ等しく、また箸墓古墳と後円部の直径や前方部の相対長がほぼ共通しており、段築の構造は異なるものの墳丘全体の枠組みとしては共通しているといえる。

桜井茶臼山古墳出土の鏡片
奈良県立橿原考古学研究所 提供
発見された385点の鏡片を高精度化した3次元計測で分析したところ、103面以上の鏡だったことがわかった。

【磐余地域】

●桜井茶臼山古墳

被葬者は古墳時代前期初めの倭王権の中心人物の1人と考えられている。墳形は前方部先端がやや撥形に開くがほぼ直線で、柄鏡《えかがみ》形と呼ばれる。後円部3段、前方部2段の段築を持つ。後円部に埋葬施設とは別に武器庫があったようだ。盗掘を受けていたが、刀剣類、多数の鉄鏃、鍬形石、石釧、玉杖《ぎょくじょう》、弓矢形石製品をはじめ多数の石製品が見つかっている。また最新の調査で銅鏡の破片が、少なくとも103面分あることがわかった。1基における鏡の出土枚数としては最多となる。

●メスリ山古墳

桜井茶臼山古墳よりさらに前方部が直線化した柄鏡形の墳形で、後円部3段、前方部2段の段築を持つ。埋葬施設上に巨大な円筒埴輪を樹立し、多量の石釧、滑石《かっせき》製椅子形石製品が見つかっており、武器庫からは膨大な槍や弓矢、また玉杖が出土した。

オオヤマト古墳群2系列6墳から何が見えてくるのか?

岸本氏はオオヤマト古墳群の主要6基の築造時期ついては、墳形や埴輪、出土品の種類などから、箸墓古墳―桜井茶臼山古墳―西殿塚古墳―メスリ山古墳―行燈山古墳―渋谷向山古墳の順で築造されたと考えている。

「さらにこの6基は、明確に2系列に造り分けられています。墳丘構造が明確に異なっているのです」

椅子型の滑石製品　京都国立博物館 提供
メスリ山古墳から出土したもので、大王クラスの人物が座った椅子をあらわしたものと考えられる。

桜井茶臼山古墳から出土した玉杖
奈良県立橿原考古学研究所 提供
中国を発祥とする儀式用の杖で、日本での出土例は極めて少ない。被葬者の先進性と創造性がうかがえる。

箸墓古墳、西殿塚古墳、行燈山古墳は前方後円形の土壇を4段、あるいは3段重ねたもので、これをA系列とする。一方、桜井茶臼山古墳、メスリ山古墳、渋谷向山古墳は後円部3段、前方部2段と共通しており、これは前方後円形の土壇を2段重ね、後円部にもう一段、円墳を重ねた構造となっていて、これをB系列とする。岸本氏は、箸墓古墳からつながるA系列の3基を「主系列墳」とし、桜井茶臼山からつながるB系列の3基を「副系列墳」として捉えている。これを年代順に並べると図3のようになる。

岸本氏は、副系列墳の3基のうち、桜井茶臼山古墳とメスリ山古墳は、副葬品などから被葬者を男性と考えている。副葬品に弓矢や玉杖が含まれることなどから武人的性格が強く現れているという。

また、この2基はオオヤマト古墳群の中でも磯城・山辺ではなく、南部の磐余の地に築造されている。この地域は伊賀・伊勢を抜けて東国へ向かうルートの出入り口となっている。

「東国をにらむ主要な出入り口に、巨大な側面を見せるように桜井茶臼山古墳が築造されていて、一種の防衛ラインのような意味もあったのかもしれません。このように立地からも、副系列墳の被葬者は王権内の軍事部門を担う存在だったと考えてもいいでしょう」

では、主系列墳の被葬者はどのような役割を担っていたのだろうか。

岸本氏によると、主系列墳の箸墓古墳の被葬者は卑弥呼と考えられ、それに続く主系列墳の2代目となる西殿塚古墳の被葬者は卑弥呼の死後、13歳で女王となった台与（壱与）の墓にあてることができるのではないかという。その後に続く行燈山古墳の被葬者は、古墳の年代が、『古事記』に記載されている崩年の干支から考えられる崇神天皇の没年と整合性があるため、崇神天皇の可能性が高いと推測している。

図3 オオヤマト古墳群における2系列

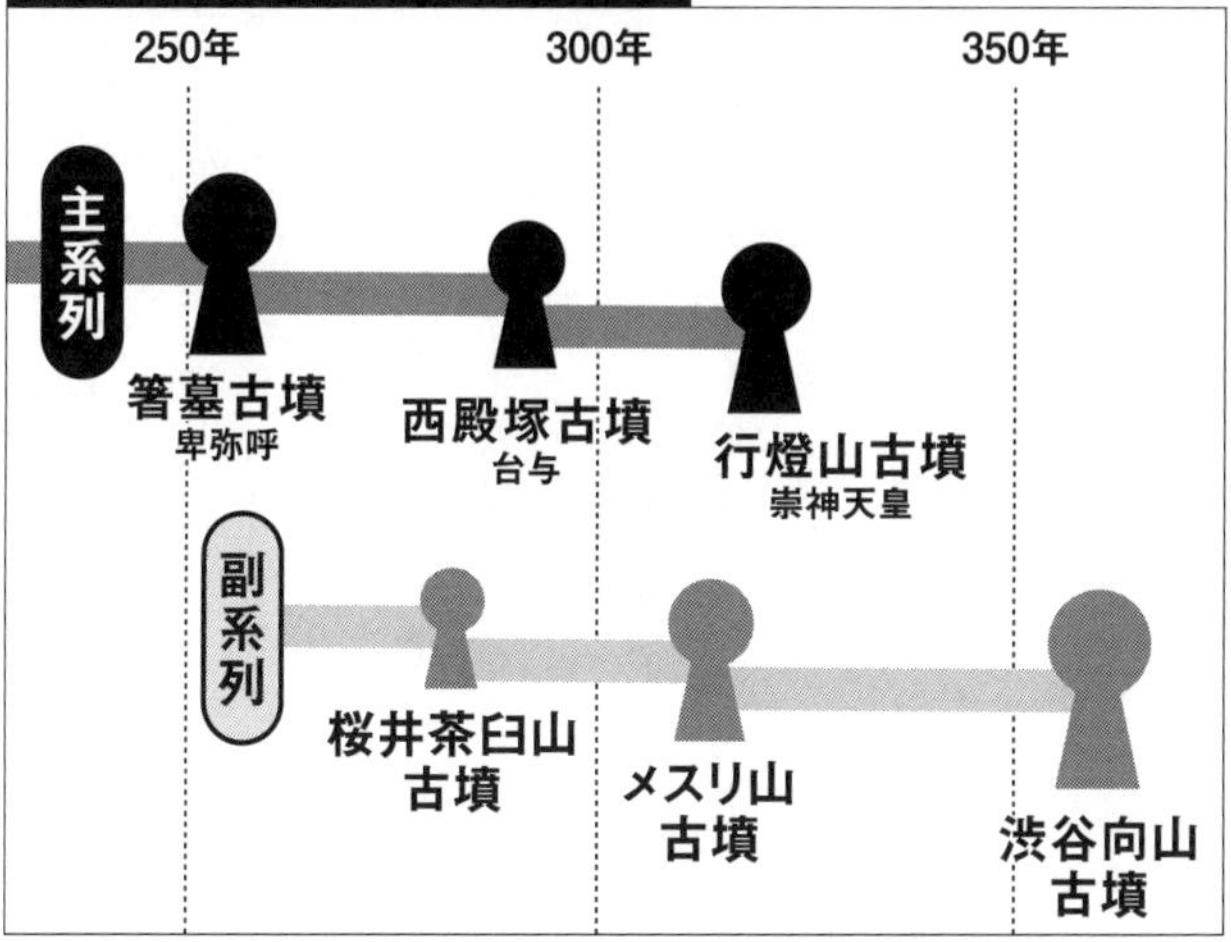

初期の前方後円墳であるオオヤマト古墳群には、墳丘構造や出土品などから箸墓古墳にはじまる主系列と、桜井茶臼山古墳にはじまる副系列がある。
※図表はすべて『倭王権と前方後円墳』（塙書房）をもとに作成

「卑弥呼は『魏志』倭人伝に記されているように『鬼道』に通じていたとされており、主系列墳の初代・卑弥呼と2代・台与は祭祀に長けた人物だったことが予測できます。このことから、主系列墳の被葬者は国家的な祭祀を担う倭国王であり、副系列墳の被葬者は軍事を専門とする最高指揮官だったという見解を導くことが可能です。つまり、オオヤマト古墳群の6基の被葬者は単なる6代にわたる王統ではなく、主副の2系列に分かれ、権威と能力が異なる2王＝神聖王と執政王であった、つまりヤマト王権の政治は「祭政分権王制」だったと考えられます。また、この主・副2系列墳の被葬者は主従の関係ではなく、それぞれ別個の人格として継承された2つの地位であり、互いに並存する立場にあったと思います」（図3参照）

卑弥呼の没後、一度は男王を立てたものの、列島が再び混乱し、不安定となった。そのため13歳の新女王の台与を立てて収束がはかられたが、この混乱期に軍事部門の最高指揮官として活躍したのが、墳丘長約200メートルの桜井茶臼山古墳の被葬者だったのではないかと岸本氏はいう。そしてその役割はメスリ山古墳の被葬者へと引き継がれていく。

「卑弥呼をはじまりとする主系墳の被葬者は国家的祭祀を全面的に担い、人心を掌握する役割が主たるものでした。一方で、実際に各地の首長と相対し、彼らと王権とを結びつけ、首長層を統括するとともに軍事・防衛面を強固なものにする役割を担っていたのが副系列墳の被葬者だったのでしょう。このように前方後円墳の2系列から王権構造を考古学的に読み解いていくと、並存する2人の王の存在が明確に浮かび上がってくると思います」

神聖王と執政王、この両輪があってこそ、初期ヤマト王権はさまざまな問題を抱えながらも倭国統一を目指し、中央集権的な国家へと歩みを進めることができたのかもしれない。

第6章

崇神天皇と四道将軍の時代

女性王権から男性王権への移行

卑弥呼・台与の事績は崇神天皇に集約された

これまで大阪公立大学大学院文学研究科教授の岸本直文氏が分析したオオヤマト古墳群の6基の前方後円墳のうち、箸墓古墳、桜井茶臼山古墳、西殿塚古墳の3基について解説してきた。ここまでが倭王権時代の神聖王と執政王にあたる大王である。絶大な力を持った桜井茶臼山古墳に埋葬された執政王によって、威信財の国産化が進められ、資源開発が進められた。これによって266年以降に朝貢が行われなくなった。執政王の地位は向上し、神聖王と並ぶ権威と権力を持ったと考えられる。

そして台与を最後に、神聖王と執政王のいずれの大王も男性が立てられるようになった。主系列の箸墓古墳（卑弥呼）、西殿塚古墳（台与）の次に造営された神聖王の前方後円墳が、10代崇神天皇陵に比定されている行燈山古墳である。崇神天皇の和風諡号は「御肇国天皇（ハツクニシラス天皇）」というもので、初代神武天皇の和風諡号も同じ読みの「始馭天下之天皇（ハツクニシラス天皇）」となっている。「ハツクニシラス天皇」は「最初に国を治めた天皇」という意味である。『日本書紀』崇神天皇条の記述の多くは、纒向遺跡に近い三輪山関連のものが多い。また崇神天皇の宮は、「磯城瑞籬宮《しきのみずがき》」とされ、三輪山の山麓にあったと考えられる。考古学的な成果と『日本書紀』の記述との一致から、崇神天皇を実質的な初代天皇（大王）とする見方が多い。

崇神天皇は、「崇神」の謚号の通り、神祀りに関連する記事が多くある。『日本書紀』崇神天皇5年条には、災害や疫病によって国が荒廃したことがあり、同7年条にはモモソヒメが神懸かりし三輪山に出雲の神であるオオモノヌシを祀るように告げ、これによって疫病は収まったとある。出雲の神・オオモノヌシの祭祀が三輪山で開始されたことは、3世紀中頃にあった出雲の倭王権への参画を象徴的にあらわしているようにも読み取れる。

箸墓古墳はモモソヒメの陵墓とされることから、モモソヒメ＝卑弥呼とする説が根強くある。中国では、女性が首長となることは蛮族の風習とされていた。『日本書紀』の編纂には日本が文明国であることを対外的（特に中国）にアピールする意図があったことから、卑弥呼や台与について記述しなかったのではないか。抹消された卑弥呼や台与の女性神聖王の事績を3代目神聖王である崇神天皇に集約したとも考えられる。

桜井茶臼山古墳の被葬者はキビツヒコだった

執政王だった四道将軍

卑弥呼・台与時代の事績は10代崇神天皇に集約されたことを前述したが、『日本書紀』の記述では崇神天皇は神聖王という以外に執政王としての顔も持つ。モモソヒメの神懸かりと三輪山へのオオモノヌシの祭祀ののち、『日本書紀』崇神天皇10年条には、崇神天皇が4人の皇族将軍を各地の征討のために派遣している。7代孝霊天皇の皇子・キビツヒコは西海道（吉備）、8代孝元天皇の皇子・オオヒコは東海道（東海地方）、その子のタケヌナカワは東海道（東海地方）、9代開化《かいか》天皇の孫・タニハノミチヌシは丹波道（タニハ）をそれぞれ担当した。四道将軍は7代から9代までの天皇の皇子や孫であり、4世代の幅がある。このことからも倭王権時代の事績が崇神天皇に集約されていることがうかがえる。

四道将軍の派遣先は、倭王権時代からの勢力範囲であり、有力な地方勢力がいたエリ

7～12代の天皇と四道将軍の系図

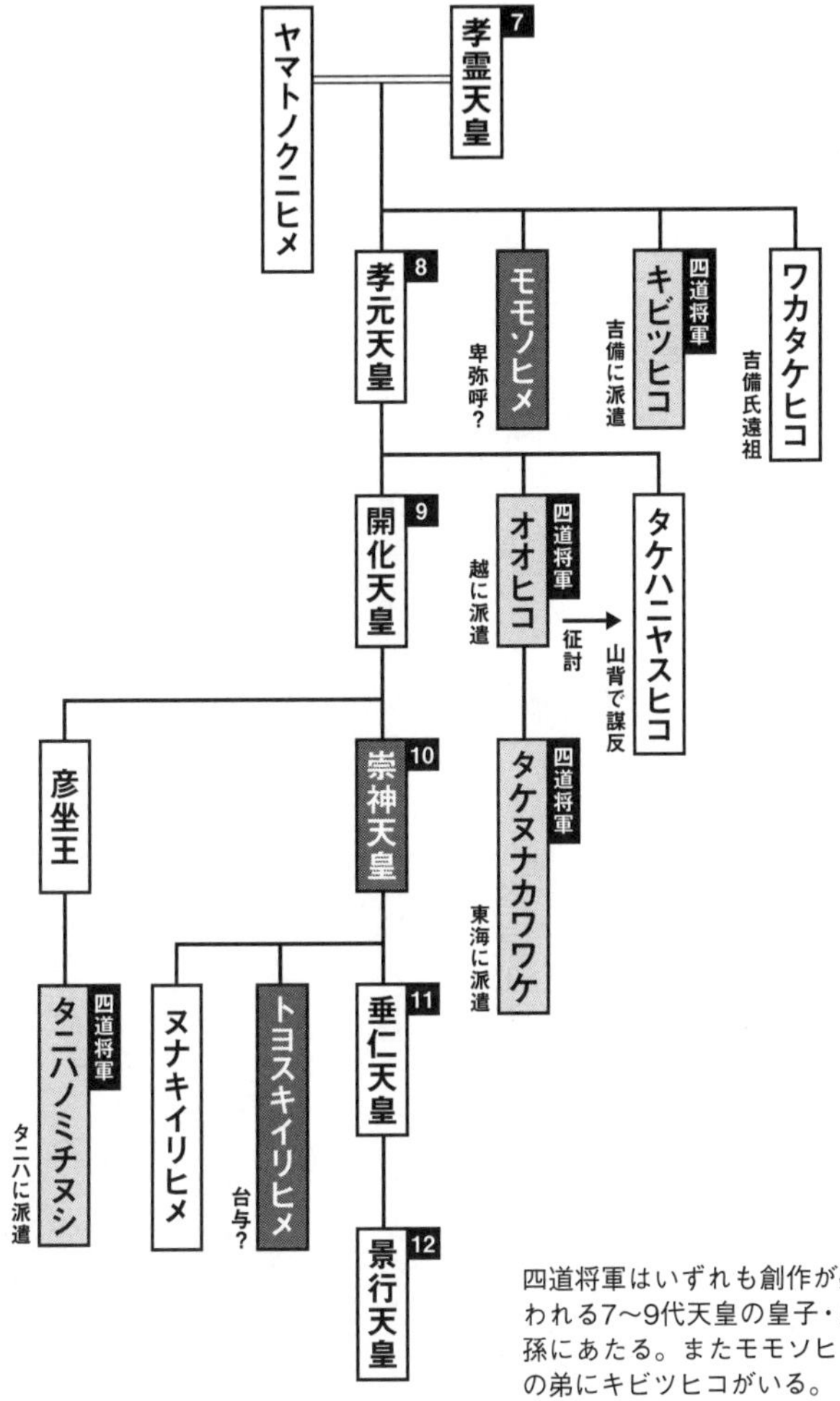

四道将軍はいずれも創作が疑われる7～9代天皇の皇子・皇孫にあたる。またモモソヒメの弟にキビツヒコがいる。

アである。桜井茶臼山古墳の被葬者は、全国からさまざまな物資を集積し、威信財などの国産化を進めたが、こうした人物像は四道将軍の派遣に重なる。

中でも注目されるのが、キビツヒコだ。キビツヒコの姉には卑弥呼ともされるモモソヒメ、弟には吉備氏の祖先とされるワカタケヒコがいる。キビツヒコは、四道将軍の中で最も古い世代であり、モモソヒメの弟、さらに吉備と関係性が深い人物である。これらからキビツヒコは卑弥呼の男弟、すなわち初代執政王であり、桜井茶臼山古墳の被葬者だったのではないだろうか。

さらに崇神天皇60年条には、国譲りを彷彿とさせるエピソードがある。出雲のイイイリネは、兄・イズモフルネの不在中に大和の使者に出雲の神宝を渡してしまった。これに兄・イズモフルネは怒り、弟を殺害した。これに対して、崇神天皇はキビツヒコとタケヌナカワワケを出雲に派遣し、イズモフルネを誅殺したという。これらの記述は、出雲に国譲りを迫った2柱の武神と、国譲りへの対応が分かれたコトシロヌシ・タケミナカタ兄弟のエピソードと重なる部分が多い。

8世紀に編纂された『日本書紀』において、古代の二重統治体制は都合が悪いものだった。そのため、初代執政王の事績は、卑弥呼・台与と同様に崇神天皇に集約されたのだろう。

抹消された大王の痕跡

四道将軍が7〜9代の天皇の皇子あるいは孫である点にも注目したい。初代神武天皇と10代崇神天皇が同じ「ハックニシラス天皇」という和風諡号を持っていたことを前述した。この間の2〜9代の8人の天皇は、『日本書紀』において極端に記述が少ないことから、実在性を疑われ「欠史八代」と呼ばれる。実在性を疑われる根拠の1つが、欠史八代の和風諡号と後世の天皇の和風諡号に共通点が見られる点だ。

中でも特に創作が疑われるのが7〜9代の和風諡号で、これらは43代元明天皇と44代元正天皇の和風諡号と共通する「ヤマトネコ」が付けられている。元明天皇と元正天皇は母娘の関係でともに女帝で、元正天皇の時代に『日本書紀』が完成している。このことから、7〜9代の天皇の実在性は欠史八代の中でも低いと考えられる。

この欠史八代の系統に属するのが、モモソヒメ（神聖王・卑弥呼）と四道将軍（執政王）である。彼女・彼らは臣下である皇族として記される一方で、大王だった名残として7〜9代の天皇が創作されたのではないか。モモソヒメと四道将軍は『日本書紀』から抹消された大王だったとも考えられるのだ。

大量の鏃が出土したメスリ山古墳の被葬者

円筒埴輪の大量生産を実現

主系列（神聖王）の10代崇神天皇陵（行燈山古墳）の少し前に造営されたのが、副系列のメスリ山古墳である。自然に考えれば、メスリ山古墳の被葬者が、崇神天皇時代のもう1人の大王（執政王）ということになる。

メスリ山古墳は墳丘長約224メートルの巨大前方後円墳で、陵墓に指定されていないことから過去に大規模な発掘調査が行われた。2代目の執政王と考えられるメスリ山古墳の被葬者は、威信財の国産化と創造を行った桜井茶臼山古墳の被葬者の跡を継いだ存在であり、それに相応しい出土品が出ている。

後円部の埋葬施設からは、方形に取り囲む埴輪列が確認された。国内最大の高さ約2・1メートルの大型円筒埴輪が要所に配置され、その間を結ぶ線上に円筒埴輪と高杯形埴輪が合計106点も配列された。技術者集団による埴輪の大量生産が行われたこと

メスリ山古墳　桜井市教育委員会 提供
桜井茶臼山古墳を上回る墳丘長約224メートルのメスリ山古墳からは巨大な円筒埴輪や大量の武器が出土した。

がうかがえる。また桜井茶臼山古墳から出土した玉杖がメスリ山古墳からも出土している。

崇神天皇の次の11代垂仁天皇の時代になるが、埴輪の由来について『日本書紀』に記されている。同書垂仁天皇28年条には、垂仁天皇の弟のヤマトヒコが亡くなった際、殉死の禁止令を出した。その4年後の同書32年条には、皇后のヒバスヒメが亡くなった際に殉葬の代わりに埴輪が考案されたとある。垂仁天皇とヤマトヒコの母である崇神天皇の皇后はオオヒコの娘・ミマキヒメで、垂仁天皇の皇后のヒバスヒメは四道将軍の1人であるタニハノミチヌシの娘である。つまり、埴輪誕生にはいずれも四道将軍の系統の人物の埋葬が関わっていたことになる。メスリ山古墳から出土した大量生産された円筒埴輪からも、その被葬者が四道将軍と関連が深い人物と考えられる。

メスリ山古墳の被葬者はオオヒコか

メスリ山古墳の石室は激しい盗掘にあい、主室の石室は破壊された。出土品に鏡類はほとんどなく、三角縁神獣鏡と2種の内行花文鏡の破片がわずかに見つかっている。このほか椅子形・櫛形・腕輪形・容器形などの石製品が見られる。

一方、盗掘を免れた副室からは大量の武器類が発見された。副室内からは鉄製弓矢と、212本以上の鉄槍先のほか、鉄刀剣も出土した。さらに10数本単位から80数本単位の銅鏃の束が8組発見され、銅鏃の数は236点にも上る。また石製の鏃も50点出土している。

主室は盗掘によって副葬品の多くは失われたが、副室の武器類の多さや埋葬施設から出土した埴輪群などから、実際には多くの鏡や玉類なども副葬されていたと考えられる。

では、メスリ山古墳の被葬者は誰なのか。キビツヒコの次の世代の四道将軍にオオヒコがおり、その子のタケヌナカワワケがいる。埼玉県行田市の埼玉古墳群にある稲荷山古墳から出土した鉄剣には１１５文字が刻まれていた。この鉄剣を製造した人物の始祖として、「オオヒコ（意富比垝）」の名があった。『日本書紀』では、オオヒコは北陸道を、タケヌナカワワケは東海道を進み、福島県会津若松市で再会したことが記されている。オオヒコは『日本書紀』の記述と一致するように、５世紀に東国に伝承が残る人物だったことがわかる。

『日本書紀』崇神天皇10年条には、オオヒコは北陸道に進む際に、異母兄のタケハニヤスヒコに謀反の疑いが浮上した。タケハニヤスヒコは山背（京都府）で討ち取られるが、その際、矢の撃ち合いになったことが記されており、メスリ山古墳の圧倒的な量の鏃の出土とも付合する。

金錯銘鉄剣
埼玉県立さきたま史跡の博物館 提供
5世紀に製造された鉄剣で、刀身の両面に刻まれた115字には四道将軍の1人・オオヒコの名があった。

なぜ八咫鏡は宮中の外に祀られたのか

北部九州の神と畿内・吉備の神

記紀では、天孫降臨に先立ち、地上世界の統治の証として、アマテラスから三種の神器がニニギに授けられた。中でも、八咫鏡はアマテラスの分身として宮中で祀ることが命じられている（宝鏡奉斎の神勅）。ところが、10代崇神天皇の時代に八咫鏡は宮中の外に出されることになった。

『日本書紀』崇神天皇6年条には、これまで宮中で祀っていたアマテラスとヤマトノオオクニタマ（倭大国魂神）の二神に対して、寝食をともにすることは崇神天皇が畏れ多いとして、宮中の外で祀られることになった。崇神天皇は娘のトヨスキイリヒメに八咫鏡を託し、三輪山麓の笠縫邑に祀ったとされる。現在、その伝承地には大神《おおみわ》神社摂社・檜原《ひばら》神社がある。次代の11代垂仁天皇の時代、八咫鏡はよりよい地を探してヤマトヒメによって伊勢の地に祀られることになった。

一方、ヤマトノオオクニタマは同じく崇神天皇の皇女であるヌナキイリヒメ（トヨスキイリヒメの異母妹）によって宮中の外の「大市《おおいち》の長岡崎（現在の奈良県桜井市穴師・箸中付近）」で祀られることになった。ところがヌナキイリヒメは髪が抜け落ち、体がやせ細り、祭祀ができなくなってしまった。そこで、祭祀はイチシノナガオチに代えられたという。

檜原神社（奈良県桜井市）
宮中を出た八咫鏡が最初に祀られた地で三輪山の麓にある。現在はオオモノヌシを祀る大神神社の摂社になっている。

纒向遺跡で発見された建物群の中で、巨大な宮殿の前にある建物C（91ページ参照）は、神殿（宝庫）と考えられる。ここにアマテラスとヤマトノオオクニタマが祀られていたと考えられる。本来であれば、皇祖神であるアマテラスのみを祀ればいいようなものだが、ここでも二重統治体制の片鱗が見える。すなわち、卑弥呼が共立される際の二大勢力である北部九州の神（アマテラス）と、畿内・吉備の神（ヤマトノオオクニタマ）という見方である。

ヤマトノオオクニタマが畿内・吉備の神とする

根拠は、その名に「ヤマト」とあることとともにヌナキイリヒメが祟りにあった描写があるからだ。ヌナキイリヒメの母はオワリノオオアマヒメで、尾張の一族と考えられる。もともと敵対していた東海勢力の出身者が、畿内・吉備の神を祀ったことが祟りの原因だったのではないか。その後、祭祀を引き継いだイチシノナガオチは倭直《やまとのあたい》の祖であり、畿内を地盤にした一族である。

大和神社《おおやまと》（奈良県天理市）
宮中を出たヤマトノオオクニタマは「大市の長岡岬」に祀られた。のちに北方に遷座されて大和神社に祀られている。

出雲勢力の参加が祭祀の変更につながった

では、なぜ北部九州と畿内・吉備の神が宮中の外に出されたのか。二神が宮中の外に出された2年後の崇神天皇7年条には、神託によって、オオモノヌシが三輪山に祀られ、その子孫のオオタタネコが祭祀を行うことになった。ヤマトノオオクニタマの祭祀をイチシノナガオチが引き継いだのも同じ神託によるものだ。

それまで、北部九州と畿内・吉備の連合体制に新たに出雲の勢力が加わった。この出雲の勢力に配慮

纒向遺跡辻地区建物跡　桜井市教育委員会 提供
建物の軸線が東西に揃う建物群が発見された纒向遺跡では、大型建築物の前に神殿(宝庫)と考えられる建物が確認された。

して、二神は宮中の外に出されたのではないだろうか。ヤマトノオオクニタマ（大市の長岡岬）・アマテラス（笠縫邑）・オオモノヌシ（三輪山）は纒向遺跡から見て南東方向に並ぶように位置しており、冬至の日の出方向に近い。

ちなみにトヨスキイリヒメを台与とする説がある。「親魏倭王」でありカリスマ的存在だった卑弥呼が亡くなり、神聖王が台与に引き継がれた段階で、外様勢力だった出雲が、北部九州と畿内・吉備中心の宮中祭祀に対する不満から、何らかの圧力をかけたとも考えられる。

神聖王と北部九州勢力の凋落

垂仁天皇の皇后となった四道将軍の娘

11代垂仁天皇の陵墓に比定されている宝来山《ほうらいさん》古墳があるのは、オオヤマト古墳群ではなく、奈良盆地北部の佐紀古墳群である。墳形の分析によって、宝来山古墳も主系列に属する。そのため、垂仁天皇は神聖王と考えられる。

なぜ王都がある纒向から遠く離れた地に、神聖王である垂仁天皇の陵墓が造営されたのか。畿内を中心とするヤマト王権の政治体制が強固になり、国内産業が発展して経済的・軍事的に強大化する中で、外国との外交・交易を強みとした北部九州の地位が相対的に下がった。これと連動して、北部九州を後ろ盾にする神聖王の地位も下がったとも考えられる。

神聖王の権威が低下したことを想起させるエピソードが『日本書紀』垂仁天皇5年条にある。垂仁天皇は9代開化天皇の孫であるサホヒメを皇后とした。サホヒメの同母兄にはサホヒコ王がおり、また異母兄弟に四道将軍の1人であるタニハノミチヌシがいる。ところが、サホヒメは兄のサホヒコにそそのかされて垂仁天皇の暗殺をはかり、兄妹は最終的に館に火を放たれて死亡した。

その後、垂仁天皇はタニハノミチヌシの娘であるヒバスヒメを皇后とした。垂仁天皇が殉葬を禁止し、その後のヒバスヒメの埋葬には埴輪が用いられたことを前述した。もっとも古墳には殉葬の痕跡はこれまで発見されておらず、埴輪の発明は創作的な物語になっているが、儀式に対して、執政王が製造する大量生産の器物が多く用いられることを象徴的にあらわしているとも読み取れる。またサホヒコとサホヒメの討伐後に、後妻として四道将軍の娘が皇后となったエピソードは、執政王の影響力が強まったとも読み取れる。

出雲勢力が倭王権に加わったことで、アマテラスとヤマトノオオクニタマが宮中から出され、三輪山に出雲の神・オオモノヌシが祀られることになった。ところが、その後の11代垂仁天皇の時代に、アマテラスのみ、三輪山の麓からだけでなく奈良盆地の外へと出されてしまう。この遷座地を探す担当者に選ばれたのが、垂仁天皇とヒバスヒメの娘であるヤマトヒメであり、その背後には四道将軍の1人であるタニハノミチヌシの存在が見え隠れする。

景行天皇とヤマトタケルの時代

纒向近くに陵墓を造営した執政王

卑弥呼・台与時代の神聖王優位の体制は、執政王と考えられる四道将軍による「富国強兵」政策とも呼べる改革によって、徐々に執政王優位へとなっていった。これを決定的にしたのが、12代景行天皇とその皇子のヤマトタケルだろう。

景行天皇陵である渋谷向山古墳は、副系列に属する一方で、それまで神聖王墓が造営されていた磯城・山辺地域に造営されている。纒向遺跡からやや離れた場所に造営されていた執政王墓が、王都の近くに造営されるようになったのである。

11代垂仁天皇陵である宝来山古墳だが、この古墳はオオヤマト古墳群からも遠く離れた奈良盆地北部の佐紀古墳群に造営されている。垂仁天皇と景行天皇の陵墓はほぼ同時期に造営されており（垂仁天皇陵の方が若干遅い）、神聖王・垂仁天皇時代の執政王は景行天皇だったと推測できる。2つの古墳の位置からも神聖王の地位が低下し、執政王がヤマト王権の中心的存在になったことがわかる。渋谷向山古墳はオオヤマト古墳群に造営された最後の陵墓であり、纒向を王都とした最後の大王と考えられる。

東海勢力が加わった一大勢力

渋谷向山古墳は墳丘長約300メートルの巨大前方後円墳だ。300メートルを超える古墳は国内に8基しかなく、渋谷向山古墳は4世紀の古墳として日本最大である。陵墓に比定されているため、大規模な調査は行われていないが、濠の修復工事では円筒埴輪や蓋形埴輪などが出土している。また渋谷向山古墳出土として伝わる石製の枕がある。

渋谷向山古墳（奈良県天理市）
副系列に属する渋谷向山古墳だが、それまで主系列の陵墓が造営されてきた磯城・山辺地域に造営されている。

『日本書紀』には、景行天皇が7年間にわたって九州に遠征をした記述があり、北部九州を経由して宮崎県に入り、熊襲を征討したとある。また同書景行天皇53年条には、東国へ巡幸し、房総半島にまで遠征している。

景行天皇は多くの子女がいるが2人の重要人物がいる。1人は九州の熊襲や東国を征討したとされるヤマトタケルである。ヤマトタケルの征討先は景行天皇と重なる部分が多い。ヤマトタケルの母はハリマノイナビノオオイラツメで、7代孝霊天皇の孫にあたる。孝霊天皇は四道将軍の1人であるキビツヒコの父であり、また「ハリマ」は吉備に近い勢力である。8世紀に編纂された『常陸国風土記』にはヤマトタケルを「倭武天皇《やまとたける》」と表記しており、景行天皇と前後する時代の執政王と考えられる。

もう1人は13代成務《せいむ》天皇で、その母は崇神天皇の孫であり、佐紀古墳群にある政務天皇陵の佐紀石塚山古墳は、墳形が主系列に分類されるため、ヤマトタケルが執政王の時代の神聖王と推測される。

景行天皇が300メートル級の陵墓を造営するまでに大きな力を持った原動力に、東海勢力の存在がある。『日本書紀』には、ヤマトタケルが景行天皇の命によって九州の熊襲討伐に赴く際には、美濃・尾張の東海勢力を従えたとある。熊襲討伐の帰路には、吉備や難波の抵抗勢力を征討した。次の東征の際には、吉備の勢力も加えて東へ進んでいる。ヤマトタケルは東征の際に尾張の豪族の娘・ミヤスヒメを妻として、東征の際に所持した草薙剣を預けている。その後、纒向への帰路、伊勢湾沿岸部の能褒野《のぼの》（三重県亀山市）で命を落としている。それまでの歴代の執政王が畿内・吉備の勢力を中心にしていたのに対して、景行天皇とヤマトタケルの時代には、東海勢力が加わったことがうかがえる。

第7章

「3世紀」が遺したもの

2つの王統の対立へと発展した「倭の五王」の時代

再び朝貢したヤマト王権の大王

これまで共立王時代のプレ倭王権、中国王朝を後ろ盾にした倭王権、朝貢を停止して独自の歩みを進めたヤマト王権まで、2世紀末から4世紀までの歴史を概観してきた。その中で、神聖王と執政王の二重統治体制が続きながら、徐々に神聖王優位から執政王優位へと変化していったことを解説した。

これらの4世紀後半までの流れの延長線上には、執政王に神聖王が吸収される形で、それまで分掌されていた「政」と「祭り事」が統合されるかに思われる。ところが、その後も2つの勢力が時に協力し、時に対立しながら存続し続けた。このことは、前方後円墳の墳形の主系列と副系列が統合されることなく、維持されたことからも読み取れる。やがて神聖王と執政王の分掌体制は曖昧になり、主な地方豪族が後見する2つの王統の対立へと発展していった。それが顕著に現れたのが、「倭の五王」の時代である。

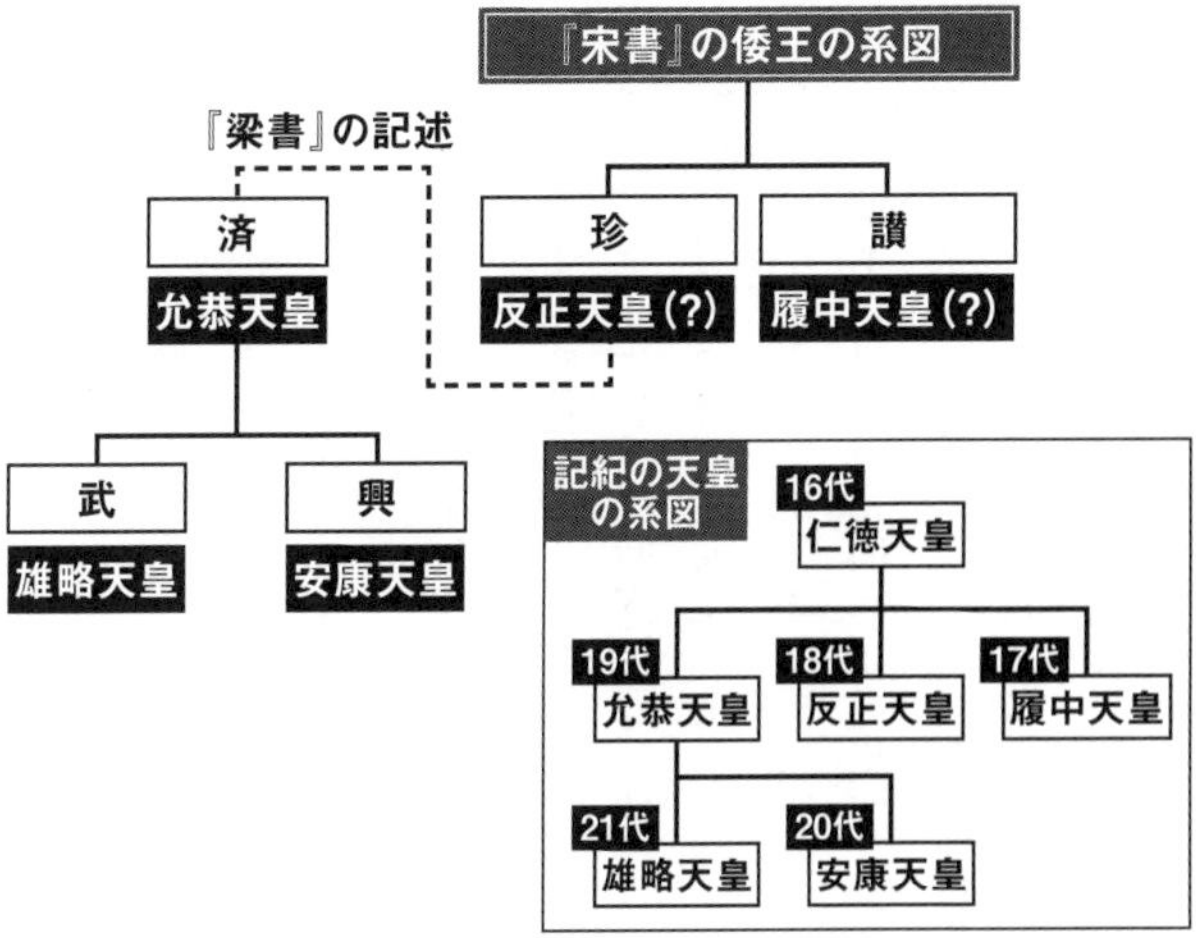

『宋書』には、「珍」と次代の「済」の関係が記されておらず、２つのグループに分かれている。

『宋書』には、台与が朝貢した２６６年から１５５年後の４２１年に倭王「讃《さん》」が朝貢し除授された記録が残っている。宋の成立は４２０年なので、その直後にヤマト王権は中国王朝との外交を再開したことになる。ヤマト王権が新王朝の後ろ盾を得ようとした背景には、朝鮮半島の動乱がある。当時の朝鮮半島は南東部の新羅《しらぎ》、南西部の百済《くだら》、北部から中国東北部に広がる高《こう》句麗《くり》の三国時代となっていた。また新羅と百済の間には小国が集まる伽耶《かや》諸国があった。日本は朝鮮半島南部の鉄資源を輸入していたが、高句麗の勢力が強まるにつれて、この朝鮮半島南部の鉄の権益も脅かされるようになった。そこで、ヤマト王権の大王は宋に朝鮮半島の権益の保障を求めたのである。

その後も、438年には「讃」の跡を継いだ倭王「珍《ちん》」、443年に倭王「済《せい》」、462年に倭王「興《こう》」、478年には倭王「武《ぶ》」がそれぞれ朝貢している。この倭の五王の時代は、世界最大の墳墓である大仙古墳をはじめ巨大古墳が次々に造営された時代でもある。このことはヤマト王権の大王の権力が1つに集中しているように思われる。

2つの古墳群に見る2王統の対立

倭の五王の時代につくられた古墳群は、ユネスコの世界遺産に登録された百舌鳥《もず》・古市《ふるいち》古墳群だ。これらは河内平野に造営された古墳群だが、百舌鳥古墳群（大阪府堺市）と古市古墳群（大阪府羽曳野市・藤井寺市）に分かれ、両者は15キロほど離れている。この2つの古墳群を隔てる丘陵部はなく、意図的に2つの古墳群が造営されたと考えられ、2つの王統の対立構造が見えてくる。

こうした2王統の対立構造は『宋書』からも読み取れる。倭の五王の関係について、「讃」と「珍」は兄弟、「済」の子として「興」と「武」という関係が記されているが、「珍」と「済」の関係性は記されていないのだ。『宋書』の後の『梁書』には「彌（珍）」の子が「済」としているが、梁には朝貢していないので、信頼性は薄い。

古市古墳群（大阪府羽曳野市・藤井寺市）
百舌鳥古墳群より内陸にある古市古墳群には、允恭天皇系統の陵墓が造営された。

倭の五王が記紀に記されるどの天皇かは諸説あるが、確定的とされるのが、「武」＝21代雄略《ゆうりゃく》天皇とする説だ。これは雄略天皇の別名が「幼武（ワカタケル）」であり、『日本書紀』と『宋書』における雄略天皇の事績に共通点が見られるからだ。この「武」＝雄略天皇から逆算して当てはめると、「讃」＝17代履中《りちゅう》天皇、「珍」＝18代反正《はんぜい》天皇、「済」＝19代允恭《いんぎょう》天皇、「興」＝安康《あんこう》天皇、「武」＝21代雄略天皇ということになる（諸説あり）。そして、履中天皇系統は百舌鳥古墳群、允恭天皇系統は古市古墳群に明確に陵墓の造営が分けられているのだ。

王統対立の背景にある豪族の権力闘争

王統対立の伝統が生んだ豪族同士の争い

履中天皇系統と允恭天皇系統の２王統の対立構造は、５世紀前半にわたって継続する。また大阪公立大学大学院文学研究科教授の岸本直文氏の説による主系列と副系列の前方後円墳も継承される。この２つの王統対立と、主系列と副系列の墳形の統一がなされたのは26代継体天皇の時代である。

神聖王を北部九州が、執政王を畿内・吉備が後押ししたように、倭の五王の時代にも諸勢力が履中天皇系統と允恭天皇系統に分かれて争った。履中天皇系統を後押ししたのが吉備の勢力だ。百舌鳥古墳群にある上石津《かみいしづ》ミサンザイ古墳（履中天皇陵）と吉備にある造山《つくりやま》古墳は同時期に造営され、墳丘長も10メートルしか違わない。允恭天皇系統の21代雄略天皇の時代には、吉備は数度にわたって反乱を起こしている。４６３年には新羅と通じて反乱を画策し、４６５年に雄略天皇は新羅に遠征した（失敗）。同年には雄略天皇への不忠があったとして、吉備下道前津屋《しもつみちのさきつや》の一族が滅ぼされている。雄略天皇が亡くなると、星川稚宮《わかみや》皇子が22代清寧《せいねい》天皇に反乱を起こしたが、その際には吉備は約40隻の軍船で救援に向かっている。

2王統の争いによって、近親の皇族は次々に命を落としていき、25代武烈《ぶれつ》天皇が亡くなると皇位継承者がいなくなった。そこで、履中天皇系統と允恭天皇系統がはじまる以前の皇統にまでさかのぼり、15代応神《おうじん》天皇の5世の孫である26代継体《けいたい》天皇が即位した。継体天皇は即位後には奈良盆地の外に宮を営み、大和入りしたのは即位20年後のことである。ここからは2王統の対立が残っていたことがうかがえる。また継体天皇が大和入りした526年には北部九州の豪族・筑紫君磐井《ちくしのきみいわい》が新羅と通じて、磐井の乱を起こしている。

その後は、豪族が後押しする王統同士の対立が激しくなる。平群《へぐり》氏対大伴《おおとも》氏、物部《もののべ》氏と蘇我《そが》氏、蘇我氏と中臣《なかとみ》氏（のちの藤原氏）という豪族同士の二局対立に王統が巻き込まれるようになった。こうした豪族の二分化によって起きたのが、古代最大の内乱である壬申《じんしん》の乱だ。38代天智《てんじ》天皇の皇子・大友《おおとも》皇子（39代弘文《こうぶん》天皇）と、天智天皇の弟である40代天武《てんむ》天皇との間で起きたこの乱は、天武天皇側の勝利となるが、その後、天智天皇系統と天武天皇系統の王統の対立を生むことになった。2つの王統の対立構造というのは、伝統的に後世にまで引き継がれることになったのである。

現代日本にまで続く「政」と「祭り事」の二重体制

「権威」を有し、「権力」を持たない存在

本書では、日本における統一王権の誕生について解説してきた。そして、日本における統一王権とは、神聖王と執政王がいる二重統治体制だったことについて紹介してきた。神聖王と執政王の二重統治体制とはすなわち、「権威」と「権力」の分離といえる。奈良時代に入ると王権は律令《りつりょう》政府となり、有力者が統治していた地方に、中央からの官吏が送られることになり、地方豪族は貴族化していった。王統同士の対立構造が減少する中で、「権力」は有力貴族を中心とした朝廷＝官僚へと移行していった。

平安時代末期には、天皇が譲位を行い上皇となって院政を行うが、これは「権威」的な存在から脱却して、政治の実権を握ることを意味する。つまり、院政とは、天皇＝神聖王、上皇＝執政王という古代の二重統治体制の復興ともいえる。

しかし、この天皇家による「権威」と「権力」の独占は長くは続かず、その後は朝廷

ことで、天皇の権威は簒奪することができない不可侵な存在となったのである。しかし、「権力」を手放し「権威」に特化した（権威）と幕府（権力）という形となる。

鎌倉時代末期には、96代後醍醐《ごだいご》天皇が政祭一致の建武《けんむ》の新政を行うがわずか3年で崩壊し、その後、南北朝時代を迎えることになる。「権威」と「権力」の両方を有する政権は、政策の失敗に対してすべての責任を負うことになる。これに対して、「権威」と「権力」が分離して双方がバランスの良い状態を保てれば政治体制は安定化する。

政祭分離体制はその後もさまざまな政権で維持され続け、「権威」は朝廷・皇室が担ってきた。これが大きく変わったのが明治維新である。王政復古によって、天皇は政治の中心に置かれたのだ。天皇自身は実質的な「権力」は有しないものの、明治以降の政府は「権威」と「権力」の両方を有する政権となった。そして戦後、「権威」と「権力」は再び分離されることになる。

こうして見ると、日本で統一王権の誕生以来、「権威」と「権力」が1つに集中するのはむしろ珍しいことがわかる。世界の多くの王権が滅亡したが、日本の天皇家は世界最古の王家として現在も存続している。これは極東にある島国という地政学的な理由もあるが、最も大きな理由は「権威」と「権力」が分離する伝統があったからだ。そしてそのルーツこそ、卑弥呼と執政王による3世紀の統一王権だったのである。

◆主な参考文献

『出雲古代史論攷』瀧音能之　岩田書院
『封印された古代史の謎大全』瀧音能之　青春出版社
『古代日本の実像をひもとく出雲の謎大全』瀧音能之　青春出版社
『図説 出雲の神々と古代日本の謎』瀧音能之　青春出版社
『隠された古代史 記紀から消された古代豪族』瀧音能之 監修　宝島社
『巨大古墳の古代史 新説の真偽を読み解く』瀧音能之 監修　宝島社
『古墳で読み解く日本の古代史』瀧音能之 監修　宝島社
『日本の古代豪族 発掘・研究最前線』瀧音能之 監修　宝島社
『日本の古代史 ヤマト王権』瀧音能之 監修　宝島社
『古代史再検証 邪馬台国とは何か』瀧音能之 監修　宝島社
『CGでよみがえる古代出雲王国』瀧音能之 監修　宝島社
『最新発掘調査でわかった「日本の神話」』瀧音能之 監修　宝島社
『最新調査でわかった日本の古代史 完全保存版』瀧音能之 監修　宝島社
『最新学説で読み解く 日本の古代史』瀧音能之 監修　宝島社
『古代史の定説を疑う』瀧音能之、水谷千秋 監修　宝島社
『考古学が解明する邪馬台国の時代』日本考古学協会

『新・古代史　グローバルヒストリーで迫る邪馬台国、ヤマト王権』ＮＨＫスペシャル取材班　ＮＨＫ出版
『データサイエンスが解く邪馬台国　北部九州説はゆるがない』安本美典　朝日新聞出版
『倭国乱る』国立歴史民俗博物館 編　朝日新聞社
『卑弥呼とヤマト王権』寺沢 薫　中央公論新社
『邪馬台国から大和政権へ』福永伸哉　大阪大学出版会
『倭国　古代国家への道』古市 晃　講談社
『古代日向・神話と歴史の間』北郷泰道　鉱脈社
『海の向こうから見た倭国』高田貫太　講談社
『国立歴史民俗博物館研究報告』第211～232集　国立歴史民俗博物館
『考古学からみた日本の古代国家と古代文化』大阪府立近つ飛鳥博物館
『古代史の舞台となった日本の神社　２００選』青木 康、古川順弘　宝島社
『天皇と古代史』宝島社
『古代史の謎　ここまで解明された「空白の時代」』洋泉社
『古代史の謎は「海路」で解ける』長野正孝　ＰＨＰ研究所
『古墳とヤマト政権　古代国家はいかに形成されたか』白石太一郎　文藝春秋

監修　瀧音能之　たきおと・よしゆき
1953年生まれ。駒澤大学名誉教授。著書・監修書に『出雲古代史論攷』（岩田書院）、『図説 出雲の神々と古代日本の謎』（青春出版社）、別冊宝島『日本の古代史 ヤマト王権』『完全図解 日本の古代史』『完全図解 邪馬台国と卑弥呼』、宝島社新書『巨大古墳の古代史 新説の真偽を読み解く』『隠された古代史 記紀から消された古代豪族』、TJ MOOK『古墳で読み解く日本の古代史』『今こそ知りたい日本の古代史』（以上、宝島社）などがある。

編集　青木 康（杜出版株式会社）
執筆協力　青木 康、郡 麻江
本文デザイン・DTP　川瀬 誠
図版協力　杜出版株式会社
写真協力　ColBase
（https://colbase.nich.go.jp）
共同通信社
毎日新聞社
朝日新聞社
PIXTA

宝島社新書

最新考古学が解き明かす
ヤマト建国の真相
（さいしんこうこがくがときあかす やまとけんこくのしんそう）

2025年3月24日　第1刷発行
2025年6月27日　第2刷発行

監　修　瀧音能之
発行人　関川 誠
発行所　株式会社宝島社
〒102-8388 東京都千代田区一番町25番地
電話・編集　03-3239-0928
営業　03-3234-4621
https://tkj.jp
印刷・製本　中央精版印刷株式会社

ISBN978-4-299-06506-3